Idea man

Idea man

Idea man

Idea man

讓人不自覺受你吸引的魅力溝通技巧，
人際智商專家的全方位社交密技

暗示的力量

CUES

Master the Secret Language of Charismatic Communication

Vanessa Van Edwards
凡妮莎·范·愛德華茲——著

張瓅文——譯

致

我的先生，史考特
我的女兒，西耶娜
我愛你們帶來的線索

Cues 線索

名詞，複數。

是人類之間相互傳送的最強大語言、

非語言及聲音訊號。

目次

PART 1

非語言的線索

CHAPTER 4 令人驚豔的元素　118

PART 2

聲音、語言和意象暗示

CHAPTER 8 如何聽起來更有親和力 272

語言線索

CHAPTER 9 如何魅力溝通　308

CHAPTER 10 讓自己更有存在感 342

推薦

魅力的線索與自我控制的力量

《看得見的高效思考》作者
劉奕酉

在這個資訊爆炸、連結無處不在的時代，溝通力已成為一種競爭力。無論你是職場工作者、創業者、社群中的意見領袖，還是希望在人際關係中獲得更多影響力，我相信「溝通魅力」都是一項關鍵技能。然而，魅力並不是一個抽象概念，也不是單純的天賦，而是一種可學習的技能。

凡妮莎的這本書，正是對如何塑造這種魅力的深入探索，不僅展示了魅力的外在表現，也探討了內在自律與自我控制如何為成功溝通打下良好的基礎。

魅力的科學：超越技巧，進入深層自我

書中闡述了魅力的核心要素：溫暖與能力的平衡。

凡妮莎指出，我們的肢體語言、語音語調與眼神接觸等，無時無刻不在向他人傳遞訊息，而這些訊息的接收者常常基於這些非語言的「線索」來判斷我們的可信度和吸引力；書中也有不少具體的說明與案例支持這個觀點。

作為長期在企業與公眾面前演講與培訓的商業顧問，我認為魅力不僅是技巧的堆砌，更深深扎根於**自我控制**和**內在的一致性**。換言之，魅力展現並非簡單地依賴於某些特定的行為，而是源自於我們如何在生活中管理自己的情緒、反應與行為。

我們的肢體語言、語氣和眼神，往往反映出對自己的掌控程度。

如果能夠對自己進行自律，並真正從內心發出溫暖與自信，那麼這些魅力的「線索」就會自然流露出來，並不是過度刻意的操控。

自律與魅力的相互作用

我認為自律不僅是約束自己，更是為了釋放更大的自由。能夠控制自己的行為，並在每一個瞬間保持內心的穩定與清晰，我們就能自然而然在他人面前展現出真正魅力。這種魅力來自於對自己內在世界的掌控，而這種掌控正是自律的核心。

因此，書中提供的溝通技巧不僅僅是外在表現的指導，更是一種訓練內在自我控制的方式。像是控制語速、改變眼神接觸的頻率、微笑的頻率等，這些細微的行為無不需要我們在日常生活中進行反覆練習和觀察，從而達到習慣成自然的表達。

同樣適用於數位時代的多元化溝通

在數位時代，溝通方式已經發生了根本性的變化。電子郵件、即時短訊與社群媒體已成為人們互動的主流方式，那麼如何在這些數位溝通中展現魅力呢？

雖然這本書著重於肢體語言、語音和視覺呈現等「現場溝通」的技巧，但也對此給出了重要的建議。儘管我們無法直接在數位溝通中觀察對方的肢體語言，但依然可以通過語言選擇、語氣掌控以及視覺呈現來傳遞溫暖與能力。

比方說，文字中的語氣、表情符號的使用，以及行文結構的簡潔性，這些都是我們可以控制與營造信任感的細節。正如在現場溝通中控制語速和眼神接觸能夠提升我們的魅力，在數位溝通中，精心選擇語言和表達方式同樣能夠塑造我們的吸引力。

魅力，其實是一種整合的力量

塑造魅力的核心並不僅在於技巧，而在整體自我表現的統一性。當我們能夠在外在行為與內心世界之間找到和諧的共鳴時，魅力的展現就不僅僅是流行的技巧，而是一種深層次的自我實現，源於我們對自我真實的理解與掌控，這樣的魅力才是深具感染力的。

如果你渴望提升自己的溝通技巧，並在職場、社交場合中自信地表現自己，這本書能為你帶來更多引導。

前言

你所默默散發的訊號，就藏在這些細微處

你有沒有分享過什麼很棒的想法，但卻發現別人不理解的經驗？不是只有你這樣。

鈴響（Ring）公司創始人兼企業大亨杰米．西米諾夫（Jamie Siminoff）也曾有過類似經歷。二〇一八年亞馬遜以超過十億美元的價格收購他的可視門鈴公司，這是當時的頭條新聞。然而，在世界各地有數百萬家庭安裝鈴響公司的產品之前，這產品差點因為在《創智贏家》（*Shark Tank*）的糟糕宣傳而從此消失。《創智贏家》是一檔電視節目，商人必須在一群投資者面前大力推銷自己的公司。

早在二〇一三年時，杰米也曾上節目宣傳他的公司，當時公司叫「大門機器人」（Doorbot），雖然有強大的產品和吸引力，但**鯊魚幫的每個人都選擇不投資**。

到底發生了什麼事？

答案不在於西米諾夫提供的資訊內容，而是在於他如何提供。事實上，西米諾夫釋放出的所有訊號（或叫**線索**），包括肢體語言、聲音音量和語調，都大大削弱了他的可信度。他幾乎是在告訴鯊魚幫離他遠些。

西米諾夫擁有極具潛力的想法，但因為釋放出錯誤的線索，所以他失敗了。這些線索比他那些價值十億美元的想法更具說服力。

我們一步一步來看西米諾夫到底做了什麼，這樣你就能確切知道哪裡出了問題。

西米諾夫先是敲了敲《創智贏家》的大門，準備開始推銷。「你是哪位？」鯊魚幫之一的科技投資者馬克・庫班（Mark Cuban）問。西米諾夫在門後回答：「是杰米？」

這是西米諾夫釋放出的第一個線索，也可以說是失誤。他不是**說出**名字，而是**拋出問題**。這是**問句語調**的例子，也叫上升語調。研究發現，在陳述句中意外出現問句語調時，說明說話者缺乏自信和不安。在陳述句中出現問句語調，聽眾的大腦會質疑說話者的可信度。大腦會問：「你對自己說的話都沒信心，我憑什麼相信你？」

雪上加霜的是，西米諾夫二度使用了問句語調，說：「是這裡嗎？」重複出現相同的線索讓人更加相信他缺乏自信——他甚至什麼實質內容都還沒開始說！給人的第一印象顯然不太好。

大門終於打開後，加拿大企業家羅伯特・赫傑維克（Robert Herjavec）給了西米諾夫一個線索：假笑。真誠的微笑會一直延伸到上臉頰，帶出眼睛兩側的魚尾紋。假的笑容只會出現在臉的下半部。如果西米諾夫察覺赫傑維克的假笑，這本是改變策略的訊號，他可以努力跟赫傑維克建立融洽關係，但是他沒有，而赫傑維克也放棄了他的想法。

西米諾夫開始正式宣傳後，事情的發展似乎又對他有利了。他回答了鯊魚幫的各種問題，從市場規模到定價，馬克・庫班甚至對他說了一句：「你真棒！」西米諾夫說他的銷售額已經超過了一百萬美元。然而，在整

《創智贏家》

個來回問答的過程中，線索卻說明了西米諾夫拿到投資的機會不大。

三分鐘後，庫班嘴角向下，看起來像是出現皺紋，實際上是**撇嘴**，這線索暗示著不相信或懷疑。這是個訊號，說明某人覺得疏離或冷漠。

研究人員認為，這是因為嘴巴處在這種狀態是無法說話的。這是一種非語言的線索，說明不想回應，試圖終止交流。庫班對西米諾夫說：「我沒其他問題了。」

西米諾夫沒有把握機會消除庫班的懷疑，就這樣從他面前走掉。如果他注意到庫班的線索，他本來可以直接說：「馬克，我知道你有所懷疑，我可以讓你看些數據。」但西米諾夫只聽到「你真棒」，卻忽略了潛在的非語言線索。幾分鐘後，庫班也退出投資。

在整個過程中，西米諾夫對鯊魚幫的負面線索不僅沒看見，自己還釋放出不少。例如在提到產品價格時，他**聳了一邊的肩膀**，這是另一種缺乏自信的訊號。五分鐘後，在回答關於智能設備未來發展的關鍵問題上，西米諾夫**明顯吞了口水**，釋放出緊張的線索。雖然這些表現都是可以理解的，畢竟要在電視節目上面對抱持懷疑態度的億萬富翁捍衛自己多年的心血，誰能不緊張呢？但這些線索卻徹底讓他原本清晰且自信的話語大打折扣。**強大的想法無法單獨存在，需要有強大的線索配合**。

在西米諾夫努力讓鯊魚幫相信這項產品目前沒有競爭對手時，他又再次失誤了。他的回答一開始很有力，但隨後流露出**停頓線索**：「我們沒有直接競爭對手。我所謂的直接

〔暫停〕，我們〔暫停〕是第一家可以使用智能手機操控的可視門鈴。」正如你所見，停頓線索是指說話者在句子中加入了不適合的停頓。

騙子說謊時會停頓，緊張時候也會。因為大腦無法判斷兩者之間的差別，就會出於保護和本能反應，擔心對方不誠實。當一個人說話方式從發自內心切換成演練過的答案也會出現停頓。這可能就是發生在西米諾夫身上的事。他話說到一半，突然意識到這是有準備過的問題，於是他選擇背稿。雖然內容沒有出錯，但是斷斷續續的說話方式再次削弱了他的可信度。

西米諾夫犯了許多聰明人都會犯的典型錯誤：**他過於專注內容，卻不夠注意線索**。線索本來可以用以支持訊息內容，但在他身上卻成了扣分項。最後，他的宣傳失敗，空手而歸；但西米諾夫的失敗是在於溝通，而非產品。

● 如果沒人聽，想法再好有什麼用？

我每天都會看到才華洋溢、富有創造力的思想家在不知不覺中被自己釋放的線索所束縛。有抱負的領導者、雄心勃勃的專業人士，還有像西米諾夫這樣的企業家，經常沒有釋放出正確訊號，也沒有注意到別人向他們釋放的訊號。

他們有想法，但卻沒有說服力。他們的薪水過低，卻不知如何向老闆或客戶證明自己的價值。會議結束離開時，感覺很糟糕，但卻不知道為什麼……又或者更糟糕的是，他們以為跟他人的互動進展順利，但卻被隨之而來的負面評價殺了個措手不及。

你每天都會接收到數百個微妙訊號。人類是群居動物，我們進化出與群體相處的能力，所以會不斷傳遞訊號——傳遞社會地位、作為伴侶的潛力，以及個人意圖。同樣地，我們也對他人釋放出的社交訊號時刻保持警惕。

如果你能看出對方向你釋放的線索，許多事都會變得很清晰，也不會錯過潛藏的情緒。你會知道該相信誰、該相信什麼，也可以真誠而自信地與人交流。

當你學會如何向他人發出正確線索後，人們會開始聽你說話，覺得你很有吸引力，對你所說的話也更感興趣。你會在互動中感到更加自信。

正確的線索可以讓平淡無奇的對話、會議或互動變得令人難忘。如果是發出錯誤線索，很容易就會錯過、懷疑和忽視潛在機會。

研究人員早就知道線索的力量，許多人或多或少也知道肢體語言很重要。但大多數人不知道的是，線索對行為、個性和成就的預測有多準，而且是準得驚人。例如：

- 五秒鐘就可以預測領導者的魅力。

- 想知道誰會離婚嗎？有個簡單的線索就可以預測哪對夫妻會分手，準確率高達百分之九十三——有的甚至還提早幾年發生了。
- 僅憑潛藏在聲音中的特定線索就能預測哪些醫生更容易被起訴。
- 陪審員的某些非語言線索可以徹底改變罪犯的命運。
- 觀察快速約會的研究人員可以透過某些沉默的非語言線索，來預測誰會在最後配對成功。
- 想在選舉前知道誰會當選嗎？研究人員發現，在許多選舉場合中，選民只要一分鐘就能看出誰更有優勢，間接預測投票結果。

如果線索可以用來預測選舉、婚姻和醫療訴訟等重大事件的走向，想想看，如果你能掌握線索，你的日常生活會不會不一樣。我寫本書的目的是讓大家看到在平常面對面、打電話、視訊通話，甚至是電子郵件和聊天的互動中，該發現卻沒看到的訊號。如果你知道線索的相關知識，你想說的訊息就會得到放大，提高你的影響力。你將不再被低估、忽視或誤解。

為什麼需要認識線索？

十二年前，我發現一件徹底改變我溝通方式的事情，也發現了我周圍一直有種看不見的語言。這也解釋了為什麼我的想法經常被忽略，為什麼我很難建立人際關係——無論是職場或社交。這也是為什麼我在很多互動中感到不舒服、無聊和尷尬。

我釋放了錯誤的線索……也錯過了別人給我的線索。學會解碼及控制線索改變了我的生活和工作。而我現在想跟各位分享這個知識。

我曾有幸在亞馬遜、微軟、百事可樂、英特爾和谷歌等公司主持過數百場企業工作坊，我的課程也幫助了數百萬的學生提高他們的人際交往能力，還有三千六百萬人觀看了我在Youtube上關於溝通的課程。此刻我非常、非常開心，能把這些知識集結成書帶到你面前。

我的祕訣是將最新的研究（包括我的團隊在「人際科學」所做的研究）、現實生活中的成功案例、著名人物的魅力展現（包括藍斯·阿姆斯壯、歐普拉·溫芙蕾、理查·尼克森和布蘭妮·斯皮爾斯），加上能讓你立刻派上用場的實用策略結合在一起。

我把線索分為四類：**非語言**、**聲音**、**語言和意象**，這也是本書的結構。

首先，我們會先學習非語言線索。研究人員發現，在我們所有的交流中，百分之六十五到九十都是非語言表現，但多數人都還不知道要如何借助身體語言達成有效交流；這是人類交流的主要方法，也是本書中佔最多篇幅的線索類型。你將會學到如何不發一語地展現自信（也會讓你感覺更有自信），迅速建立信任，以及在所有場合都有強大的存在感。我也會告訴你有哪些手勢會讓你看起來很聰明，還有如何發現隱藏的情緒。

接下來，在聲音線索章節中，你將學習如何讓聲音聽起來更有力。信不信由你，領導者實際上是透過聲音線索影響他人。我們還將深入探討為什麼大腦會將聲音魅力跟領導力結合在一起，以及如何透過電話、視訊通話和面對面的方式建立信任。

在語言線索章節中，我將告訴各位如何讓你的電子郵件、聊天內容和個人資料更具影響力。有沒有想過為什麼有些人很久才回覆你的郵件？我們將深入討論如何在言語上更具吸引力，以及如何在網上和線下以魅力方式溝通。

在本書最後，你會發現意象線索比你想像中更重要。我會讓你知道，你穿的衣服、用的桌子，還有穿著顏色都洩露了關於你的事情……不管你願不願意。

讓我們開始吧！

CHAPTER 1 魅力線索

我最喜歡問觀眾：「誰是你見過最有魅力的人？」大家通常會立刻大聲回答「我爸」、「我老師」或「我的好朋友」。下一個問題會讓事情變得更有趣。我會接著問：「是什麼讓你覺得這個人有魅力？」一般情況下，底下會傳來窸窸窣窣的聲音，大家開始絞盡腦汁想答案。他們會試探性地說：「你知道，就是那種感覺嘛！」**我們可以迅速判斷一個人是否有魅力，但為何魅力的定義卻讓人不知從何說起？**

普林斯頓大學提出的一項創新研究指出，極具魅力、討人喜歡、引人注意的人群身上往往結合兩種特質：熱情（warmth）和能力（competence）。公式很簡單：

熱情線索

+

能力線索

=

魅力

上述公式就是所有人際交流的藍圖，只要知道如何運用，你甚至可以徹底改變溝通的方式。

根據研究指出，我們對他人的印象，百分之八十二都與熱情和能力的線索有關。

首先，我們評估一個人熱情與否，判斷的問題是：**我能否相信你？**

其次，觀察對方的能力，我們想知道的是：**我能否信賴你？**

上述公式並不僅限於第一印象。只要人與人之間有互動，雙方都是在觀察對方的熱情與能力，別人對你如此，你對他人亦然。無論是商務會議或約會，與上司相處或面對剛認識的新朋友，掌握好這兩大線索才能事半功倍。

極具魅力之人身上就能看到熱情與能力的完美結合，會讓人願意信任且感受到可信度。我們認為這類人群友好且聰明，令人印象深刻且願意與人合作，能贏得他人的尊重和欣賞。

但問題在於：**大多數人在這兩者之間難以取得平衡**。潛在原因在於社交障礙、錯失先機和溝通不良。

要成功，就得先在這兩者之間取得平衡。具有高度魅力的人懂得透過平衡熱情線索和能力線索，藉此達到成功溝通的目的。人們都喜歡和能帶來安全感且能幹的人在一起。我們希望上司有效率且平易近人，想要尋找能分享祕密、緊急求救、可以完全信任的夥伴，希望能與友善且高產能的人共事。

我們一直都在尋找能完美詮釋熱情與能力的人，也正是落在魅力量表中帶有星號區塊的人。下面的魅力量表有助於勾勒出我們的溝通方式。

你覺得自己會落在量表上的哪個區塊呢？是偏熱情（左上）還是偏能力（右

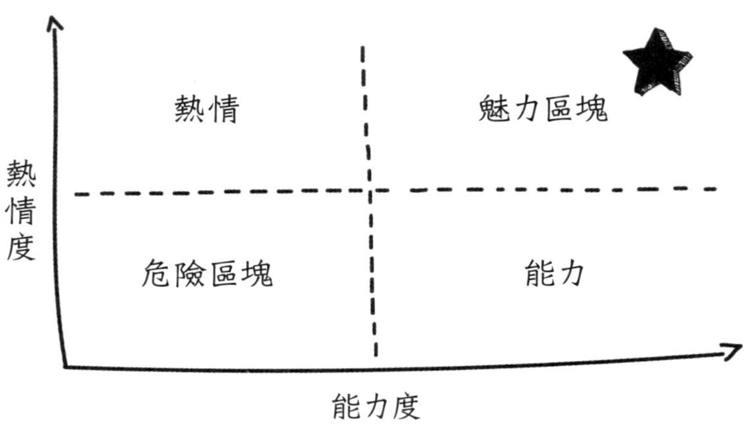

能力	熱情
優秀	可靠
強大	合作
聰明	溫和
能幹	同情心
專家	隊員
成效	開放

※ 請至 scienceofpeople/bonus 網站領取數位福利金，進行官方魅力測試。

下）？還是取得最佳平衡點，落在了魅力區塊？不確定自己在哪嗎？或許你還沒表現出足夠的線索，已在不知不覺中落入了危險區塊。

想想別人會把你放在哪裡。先做個測試：你覺得上表中的描述，哪一欄比較符合你的狀態？

★熱情度高

熱情度高的人會非常渴望受到喜愛。這可以是好事，因為你會努力塑造出友善和討人喜歡的形象，但同時也會帶來一定的挑戰性。熱情度高的群體往往會為了迎合眾人，難以開口拒絕或設定界線。

得到他人喜愛的同時，可能也會失去所期

待的尊重。別人眼中的你可能是：

- 可信賴，但卻不夠強大。
- 有同情心，但卻能力不足。
- 很友善，但卻不夠優秀。

如果這形容的就是你，你應該會發現，自己與同事關係良好，但卻很難表達自己的立場或想法，甚至在開會時說話常被打斷，或是覺得努力得不到應有的重視；在社交或休閒場合中，人們喜歡跟你聊天，但可能不會跟你要名片。

如果你經常聽到以下的話，你應該就是屬於熱情度偏高的類型：

- 跟你在一起我很自在！
- 你真貼心。
- 我覺得好像認識你很久了。
- 你就是長得一副讓人信任的樣子。

斯蒂芬・沃茲尼克（Steve Wozniak）就是一個好例子，他是一個和善、仁慈的商業領袖，但成就卻不若前合夥人史蒂夫・賈伯斯（Steve Jobs）著名，後者就是以能力度高而聞名。

★能力度高

能力度高的人會強烈渴望成為他人眼中優秀且能幹的人。人們會很認真對待你及你的意見，但你很難建立融洽的關係。別人眼中的你可能是：

- 聰明但不易親近。
- 可靠但不易合作。
- 重要但不太友善。

人們甚至可能有點怕你，會說你很難交流，給人一種冷漠的印象。在商務場合中，這是一把雙面刃。身為領導者，人們會認真看待你的存在，但你可能很難跟團隊合作。客戶、顧客或同事會覺得你是個可信賴的人，但卻不一定敢把所有需求都告訴你。社會心理學家蘇珊・菲斯克（Susan Fiske）發現，「**沒有熱情的能力會讓人產生懷疑**。」在社會關係中，這意味著你有一定的重要性，但你需要更長的時間才能與人建立深度關係、交到朋友。

如果經常有人對你說以下的話，你應該就是屬於能力度偏高的類型：

- 我一直都不知道你在想什麼。
- 你有點嚇人！
- 很難摸清你的想法。
- 你肯定是負責人之一。

馬克・祖克柏（Mark Zuckerberg）、安娜・溫圖（Anna Wintour）和伊隆・馬斯克（Elon Musk）就屬於這類的商業領袖，他們因為能力度高而成功，但也因為過於苛刻、難以理解和不帶感情而飽受爭議。

你會發現，能力強的人通常會跟熱情度高的人一起合作，以此取得平衡。許多著名的雙人組合都是一個很熱情，一個很有能力。這也不失為思考這兩種特質如何相互影響的好方法。

- 詹姆士・寇克（熱情）與史巴克（能力）
- 華倫・巴菲特（能力）和查理・蒙格（熱情）
- 恩尼（熱情）和畢特（能力）
- 夏洛克・福爾摩斯（能力）和華生醫生（熱情）

這些雙人組合就是熱情與能力共處的最佳狀態。

★危險區塊

危險區塊是你必須盡力避開的地方。

研究發現，如果你的熱情度與能力度都偏低，很有可能就會受到忽視、無視、同情和低估。

我會把參加《創智贏家》的杰米・西米諾夫歸類到危險區塊。他有很好的想法，但沒有散發出足夠的熱情和能力線索。因此，鯊魚幫最後還是無法選擇相信他。

或許你擁有世界上最棒的想法，但如果無法使用正確的魅力線索闡述，一切都無法落實。

西米諾夫在熱情與能力線索上的表現偏弱，導致他所想要傳遞的訊息大打折扣。他非常有邏輯的回答了鯊魚幫所有透過語言表述的問題，但卻忽略來自對方的非語言關鍵線索。他準備好所有的數字，做了非常精彩的演示，但他身上流露出的危險區塊線索也毫不留情地破壞了所有的可信度。

關鍵在於：或許你是這個世界上最有能力、最熱情的人，但如果你沒有表現出來，誰都無法相信你。

好消息是，就算你陷入了危險區塊，也不代表從此無法翻身。因為五年之後，西米諾夫的想法成功了，《創智贏家》邀請他以鯊魚幫的身分回歸！當他以投資者的身分登場時簡直判若兩人。他身上的線索改變了他的形象。他走進房間時表現大方、面帶微笑，跟每一位鯊魚幫成員握手寒暄，就連說話都不一樣了。

沒錯，西米諾夫曾經有黯淡時刻，但他也重新閃耀登場。每個人都能改變自己身上的線索。

★魅力為何重要

金球獎得主歌蒂・韓（Goldie Hawn）是以美麗、幽默和在鏡頭前的才華而聞名。在二〇〇三年時，她決定做一件不同的事——在學校開設「心智成長計畫」的正念課程，著手為兒童創建在課堂上使用的心理健康計畫。但問題是，她擔心人們不會認真看待她和這個項目。

歌蒂意識到，大家都知道她有熱情，但不代表相信她有能力。用她的話來說：「要做我自己、做歌蒂就已經很難了，這些年來，大家都覺得我很風趣，有時甚至覺得我是個花瓶。」

為了提升她的想法的可信度，她請來了神經科學家和心理學家，發起大規模實驗來驗證該心理健康計畫的可行性。出於本能，歌蒂知道她必須先在熱情和能力之間取得平衡，才能得到人們的信任，並且信賴該計畫。結果真的奏效了！

歌蒂與她的團隊持續擴展該計畫，幫助來自十四個國家、超過七百萬名的學生，並且培訓超過十七萬五千名教師。參與過「心智成長計畫」的學生中，百分之八十六的孩子表示該計畫有助於提升他們的幸福感，百分之八十三表示該計畫有助於提升其積極社交行為。

歌蒂並不是唯一一位展現出熱情與能力平衡的人。如果你上「心智成長計畫」官方網站，你會發現該網站上呈現出熱情線索（歡樂的孩子、大笑的歌蒂和許多很棒的故事）和能力線索（數據、社會證明和資料）的有力結合。品牌、網站、社交檔案和公司都需要在熱情與能力之間找到最佳平衡點。

無論你是誰，無論你有何成就，熱情與能力的平衡都是成功的關鍵。《美國醫學會雜誌》（*The Journal of the American Medical Association*）發表過一篇著名的研究，說明患者如何評判醫生的熱情與能力。研究人員想知道，這兩者是否真的都很重要？以醫生的職業來說，能力不是應該更重要嗎？在醫學院多年所學的還不夠嗎？

不夠。

研究人員發現，相較於真正的醫療疏失，在熱情度得分極低的醫生更容易因為治療不當而吃上官司。沒有讓人感受到熱情跡象的醫生也很難傳遞其能力，因此較常被告。

如果你沒有展現熱情，人們也無法相信你的能力。

我常看到人們會偏向其中一邊。我見過聰明的工程師，一心投入技術研發，但在辦公室裡卻不受歡迎，他們的創新想法也很難取得他人認同，覺得與團隊脫節，更不知道為什麼所有繁重的工作似乎都壓在他們身上。

我也見過非常親民的辦公室經理，但也因為太在意別人的觀感，導致無法在會議上說出該說的話或得到應有的尊重。他們希望能擁有更果敢的社交技巧，如此一來才能更有力去拒絕有毒的人、捍衛自己的聲音。

一方面來看，看起來越和善的人往往越不會受到欣賞和尊重。另一方面，能力越好的人，跟同事或團隊之間的關係通常也越緊張。

無論你是要展開新項目、帶給團隊新想法，或是重塑自己在工作上的名聲，你都需要讓人喜歡並受到尊重。使用正確的魅力線索會有所助益。

原則

平衡熱情與能力就是魅力所在。

★ 魅力的風格

每次我請觀眾說出兩個最有魅力的人時，最常聽到的兩個名字是：脫口秀女王歐普拉·溫芙蕾（Oprah Winfrey）和英國前首相柴契爾夫人（Margaret Thatcher）。這兩位女性都被視為是成功、受人尊敬且有魅力的代表人物，但她們散發出的魅力截然不同。為什麼？

有一項針對歐普拉和柴契爾夫人溝通模式的研究發現，兩人顯露出的線索非常不同。柴契爾夫人是以鐵腕聞名。研究人員解釋道：「她站在國會講台上時，身體會向前傾，伸出雙臂彷彿那講台是她所有。她會抬起頭，聲音有力而響亮，還會有意識的控制停頓點……而她的身體和臉部表情始終聞風不動。」

歐普拉則是以善於表達而出名。研究人員說：「她說話時充滿熱情，會有各種手勢，臉部表情也很豐富，她會哭、會笑，她或坐、或站或到處移動。」

歐普拉和柴契爾夫人都落在魅力區塊中，但偏向不同，這一點非常棒！畢竟我們不希望每個人看起來都一模一樣，或是像個只會模仿魅力線索的機器人。

歐普拉是偏向熱情，但她的熱情是建立在足夠的能力之上，以此得到認可。這一點在她的每集節目中都清楚可見。她會跟人們一起落淚，會碰觸對方的手臂，同時又專心聆聽，提出有挑戰性的問題。她也會開懷大笑，並且將感人的故事與堅定的立場相結合。

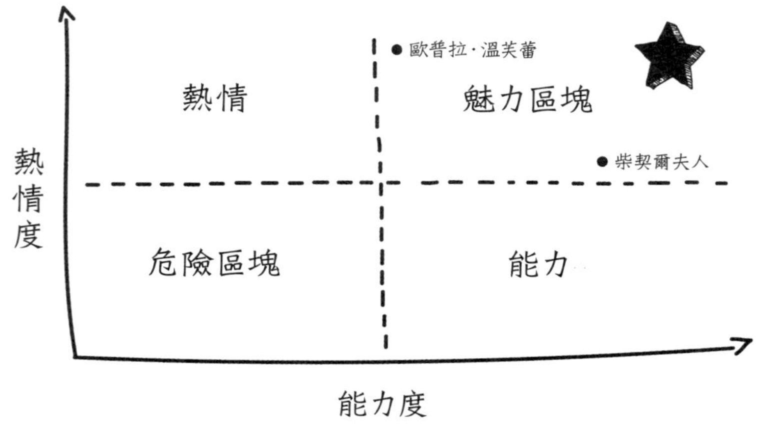

柴契爾夫人則偏向能力，但她也展現出足夠的熱情，得到群眾信任。在她的演講中，言語清晰而準確，鮮少使用華麗的辭藻，但言談之間仍不失激情。她不常使用手勢，但卻經常抬頭，以非語言的方式傳遞著溫暖與樂觀。看到「鐵娘子」也有溫暖的一面是否讓你感到驚訝呢？一個人是可以在表現出熱情的同時仍不失嚴肅。事實上，如果想達到有效溝通，兩者缺一不可。

沒錯，魅力是有公式的——熱情加上能力。**但每個人在這兩者之間的平衡狀態都不同**。只要你落在魅力區塊，那就表示你展現出的熱情與能力足以讓人相信你是可靠、值得信賴的。

以知名的美食節目主持人傑米・奧利佛（Jamie Oliver，偏熱情）和高登・拉姆齊（Gordon Ramsay，偏能力）為例，兩位都非常有魅力，但卻有截然不同的味道。

接下來我會提出各種線索，然後你可以選擇要使用什麼線索來打造專屬於你個人的魅力特色。這也是在魅力區塊中進行有效交流的方法。你可以依照需求加入任何線索。

最厲害的是什麼呢？**有魅力的人通常都能在魅力區塊中彈性移動**。在某些情況下需要多一點的熱情嗎？那就多使用熱情線索。需要在互動中加入能力嗎？那就多使用能力線索。你可以將魅力區塊視為測量儀器，依照情況做加減調整。

★魅力測量儀

當你落在魅力區塊時，若能依照情況與對象來調整熱情與能力，這會是最有魅力的時候了。以亞馬遜公司創始人傑夫．貝佐斯（Jeff Bezos）為例，早期他接受澳大利亞版的《60分鐘》節目訪談時，就曾善用熱情線索，以輕鬆自然的方式帶領記者參觀辦公室，過程中保持微笑，甚至還會開懷大笑，肢體語言豐富。記者甚至表示：「傑夫．貝佐斯從一開始就出人意料，讓人印象最深的就是他的笑聲。」在訪問過程中他贏得記者的高度好感，因為他流露出足夠的熱情，但在言談間又不失能力線索——說到公司的成長時充滿信心，並且在笑聲中分享令人印象深刻的數據和目標。

之後在另一個訪談節目《商業內幕》中，

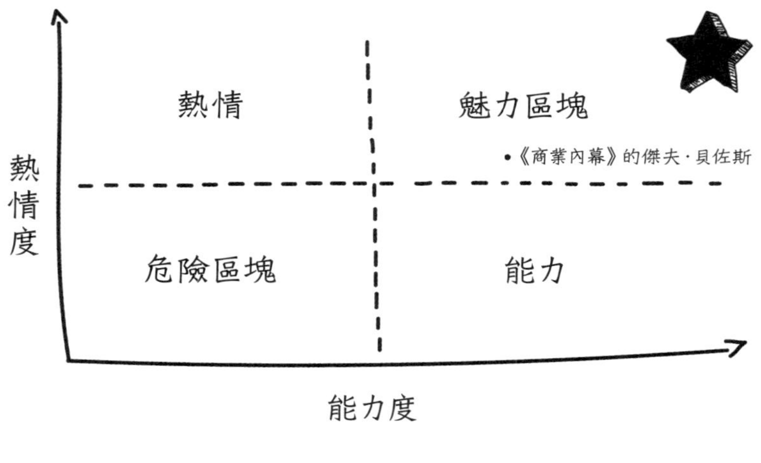

貝佐斯被問到更多關於他身為傳奇領導人物的嚴肅問題。在回答過程中，他調整了能力線索。他坐姿霸氣，有意識的與訪談者進行眼神交流，如果你仔細聽，會發現他受訪時說話的聲音比之前更低沉，但依然是在魅力區塊中保持足夠的熱情線索（他最著名的笑聲往往能讓觀眾跟著他一起笑）。

改善互動的首要之道就是根據目標傳遞出明確的線索。

在需要提高可信度、得到他人重視時，例如在談判、推銷和重要訪談中，你要提高能力線索。此外，如果是跟更聰明、更有能力、更有效率的人在一起，也要善用更多的能力線索。

如果是要建立合作與信任關係，就要提高熱情線索。如果你是與重視連結、融洽和同理心關係的對象相處，就要善用熱情線索。

原則

最有魅力的人能在魅力區塊中游刃有餘。

★如何解決互動問題

我們每天都會與落在魅力量表中不同區塊的人互動，這也會創造出各種無法溝通或溝通不良的情況。舉例來說，如果你的熱情度較高，但客戶（或老闆、同事）是屬於能力度較高，就有可能導致人際關係連結出問題。

屬於熱情度極高的你，喜歡融洽的關係。在會議開始時，你會覺得閒聊是成功互動的基礎。在說明你的想法時，你重視好的故事、案例研究和例子。做決定時，你往往會憑直覺行事。你對推薦人的推薦非常有信心。

屬於能力度極高的客戶，喜歡的是訊息。在會議開始時，他們想要直接進入主題，不想把時間浪費在毫無生產力的寒暄上。他們喜歡讓數據、研究和事實說話。如果對你所說的內容存疑，他們會自己直接上谷歌查。他們不在意什麼社會意見（那只是個人的看法！），他們更傾向真實數據。對了，如果偏離會議主題扯些不相關的話題，那絕對會讓他們抓狂。他們會說：「盡職調查還是我自己做吧。」

那會發生什麼事？當他們要表現生產力時，你卻試圖發展人際連結。他們想要得到資訊時，你在努力建立信任。你覺得自己的報告激動人心，但在他們眼中卻是亂無章法。你拍胸脯保證能創下佳績，但他們要看的是證據和數據。你試圖製造熱情，而他們只在乎能力。

這些傾向或喜好沒有所謂的對錯，就只是不同而已。請記住，每個人對魅力都有不同的偏好，這是好事。在熱情與能力的群體中各有不同的人才，而在一個團隊中，我們兩者都需要。接下來我會教大家如何判斷差異性，並且讓其為你所用。

魅力的誤配解釋了你面臨許多問題的可能原因：

- 為什麼你就是跟老闆不來電。
- 為什麼你的簡報或想法有時無法落實。
- 為什麼升職輪不到你，或是跟別人當不成朋友。
- 為什麼有時你會感到彆扭或不受歡迎。

意識到自己需要更多信任、合作及對他人敞開心扉嗎？提高你的熱情線索吧。意識到自己正與某個更具能力的人互動嗎？提升你的能力線索，釋出值得受尊重的訊號吧。

我們在生活中的方方面面都可以利用各種線索讓自己更成功，包括面對面的交流、社交媒體上的資料、語音訊息、簡報內容，甚至是在職場上。我會教你認識魅力區塊中的各種線索，讓你有目的性的使用技巧，將線索用在對的場合和對的人身上。

本章任務

為了幫助讀者善用本書，我們提供了官方的魅力診斷，幫助你判斷自己具體落在哪個區塊。請至以下網站進行官方測試：

https://www.scienceofpeople.com/bonus/

官方網站亦有關於本書的數位資料、影片及相關內容。

CHAPTER 2 線索的影響

李奧納多・達文西（Leonardo da Vinci）在一四九八年完成《最後的晚餐》壁畫，該幅壁畫堪稱世界上最知名的畫作之一，也是一件美麗、具有歷史意義的藝術品。但如果仔細觀察，你會有新的發現：達文西公然但隱晦地呈現了多種非語言線索。

該作品描述耶穌遭到猶大（Judas）背叛之前，與十二門徒最後的一頓晚餐。

達文西畫出了什麼線索？首先，仔細看看耶穌的雙手。畫中的祂敞開雙臂，一隻手的掌心朝向觀眾，這是代表開放的常見線索，看到他人的手掌時，大腦會認為對方無所隱瞞。但耶穌的另一隻手是掌心向下，這就有點不尋常。一般來說，耶穌的形象都是攤開雙手掌心的。差別在哪？

掌心朝上代表開放與信任，屬於高度熱情的線索，適合用於希望他人合作與敞開心

房的情況。每次到了演講最後的問答環節時，我都會利用掌心向上的手勢來邀請大家提問。

掌心向下代表權力與主導，屬於高度能力的線索。

掌心向下的線索適用於給出指示、命令或指令，不需要對方提問或回應的情況。

畫中的耶穌展現出這兩種線索，結合在一起，就是熱情與能力的完美呈現[1]。

下一個線索是耶穌的整體姿勢與十二使徒的形象相比，耶穌所佔的空間比畫中任何一人都更加醒目，凸顯出祂比桌上其他人更具重要性，這是另一個能力線索。一個人佔據的空間越大，看起來和感覺上都會更加有自信。達文西正是利用了**擴展線索**來象徵耶穌的重要性。

達文西利用另一個高度熱情的訊號——頭偏一側——來平衡代表能力的擴展線索。**頭偏一側**是象徵參與的通用訊號。如果我們要聽清楚他人說話，通常都會把頭靠過去，用一邊耳朵聽清楚對方在說什麼。

你可以看到，有些門徒雖然表現出擴展線索，但頭部沒有偏向一側；又或者是頭部偏向一側，但沒有擴展線索。**耶穌是唯一做到兩者平衡的人物**。達文西在不知不覺中完美平衡了各種線索，讓耶穌看起來同時呈現出高度能力（強大）和高度熱情（信任）。

有擴展線索就必定有**緊縮線索**。當人們緊縮身體，盡可能不佔空間時，可能就代表自信不足。圖中誰的身體最緊縮？肯定是背叛耶穌的門徒：猶大。

猶大表現出**阻隔線索**：他用手臂擋住身體。在自己與他人之間放入某物阻隔，以此保護自己。最簡單的就像是雙臂在胸前交叉，或是在胸前抱著筆電、寫字板或抱枕之類的。相較之下，耶穌是完全敞開，在視線上看不到任何遮擋，而猶大是唯一一個表現出緊縮、阻隔線索的人。其他人的雙手或比或指，沒有傷害性，唯獨猶大表現出阻隔訊號。達文西非常巧妙地描繪出猶大的罪。通常犯罪之人會更需要透過非語言的方式與外界阻隔，以此

註1：部分宗教學者認為，一手朝上，一手朝下也代表對來世的審判。對宗教人士來說，不失為額外的線索。

保護自己。

畫中的猶大是在耶穌背後看著祂。猜猜為什麼？這就是令人玩味的**距離線索**。在試圖遠離某事或某人時，我們需要實際拉開距離，有時是真的直接往後退。說謊者在面對自身的罪責時，往往會把頭往後仰、向後閃或是眼神閃躲、看向別處。「小心背後」這幾個字隱含著某種語言之外的真相。這是象徵猶大背叛和恥辱的另一個線索。

還有另一個能說明猶大狀態的線索。他緊握右拳——看不到他的手掌不僅讓他看起來更封閉，也表明他在隱藏某些東西。**拳頭**是一種獨特的非語言線索，有時代表積極，象徵無可撼動的決心；有時代表消極，傳遞著隱瞞和憤怒的信號。研究人員發現，人類的雙手是為了出拳才懂得握拳的，我們是因為要揍人才會把手變成拳頭。這一點也巧妙暗示出猶大對耶穌的憤怒與攻擊。

線索讓我們看到了這幅畫背後的全貌。達文西對線索的巧妙運用讓他在一幅畫作中描繪出更豐富的故事。**當你看出線索，就會對背後隱藏的含義有更深的理解，事情會變得更加清晰**。

所幸人類大腦天生就會尋找線索中隱藏的含義，懂得時刻掃描現實生活中的互動過程，為我們提供額外的社交訊息。或許你早已在不知不覺中意識到《最後的晚餐》圖中線索所傳遞的訊息而不自知。讓我們好好發揮這股力量吧。

★你的神祕超能力

想像一下：你正在面試新工作。從表面上看，這應該是天作之合，面試官似乎對你的回答很滿意，但面試進行到一半時，你又有種說不出的感覺，覺得自己不會被錄取。為什麼會這樣？

又或是你在做簡報時，你隱約覺得大家都不想聽了。是哪裡出錯了嗎？

又或是另一半告訴你：「我沒事。」但你就是知道絕對不可能沒事。

你肯定有過這種感覺，往往我們就會當成是「直覺」。但現實可能是大腦看到了魅力量表危險區塊中他不喜歡的線索。這種詭譎的感覺，就是我們的神祕超能力。**學會解碼線索，你就知道何為直覺**。

不曉得你知不知道，人類的腦袋裡有一台精密的線索判讀機。我們的大腦裡有專門的神經工具用來處理和管理社交訊號，大腦組織可以在三十毫秒內讀取並識別他人臉上的情緒！

雖然大腦非常擅於捕捉這些微妙的訊號，但我們卻對這種超能力認識不深。雖然你的蜥蜴腦非常擅長捕捉社交線索，但你的人腦卻常常無法理解到底發生了什麼事情。

在文化上，我們強調語言是一種溝通方式，教育孩子們要用話語來表達想法，這也意味著解碼線索能力的退化。但線索依然是最有力的溝通機制之一。在本章中，我將進一步介紹線索的基本運作原理及其原因。

★具有感染力的線索

「在這裡就夠讓我很焦慮了。」卡拉莫・布朗（Karamo Brown）坦白說。布朗是網飛（Netflix）熱門節目《酷男的異想世界》的五位主持人之一，而他正努力改造「焦慮份子」艾比・里笛（Abby Leedy）。跟她相處短短幾個小時後，布朗承認「捕捉」到她的焦慮。

在節目中，主持群（綽號五虎）要改造「主角」，使其煥然一新，重拾自信。而里笛肯定需要有所提升！在鏡頭前的她，無時無刻不處在危險區塊。她流露出緊張的線索：搓揉雙手、聳肩、焦慮地踱步和咬指甲。

主持人安東尼・波羅夫斯基（Antoni Porowski）甚至問她：「為什麼妳在自己的廚房裡看起來還那麼緊張呢？」緊接著又說：「妳是個焦慮的人嗎？」

里笛畏縮了。「啊……是……我會……有人說我看起來很焦慮。呃，我想可能是因為我……嗯……我是……嗯，很焦慮。」她坦承說。

我們看到她的焦慮漸漸在五虎中傳開來。幸運的是，在這檔真人秀中，里笛最後找到了自信的來源，並且保證會多加善用。

五虎所經歷的就是**情緒感染（emotional contagion）**。

情緒感染　一個人的情緒和相關行為直接引發其他人也出現類似的情緒和行為。

你是否曾因為別人的好消息而興奮？或是因為別人的不幸遭遇而難過？當大腦辨識出他人的情緒後，你的大腦產生同樣的感覺。你所釋放出的線索不僅影響自己，同時也會影響他人的情緒。這就是為什麼我們經常能「捕捉」到壞心情。

在一項實驗中，研究人員將學生分成不同的「薪資委員會」小組。每組的任務都是要將公司的共同資金分配給虛擬員工。但是有個問題：每一組裡都有一名演員要負責表現出以下其中一種情緒：「歡快的熱情」、「平靜的溫暖」、「敵意的怒氣」和「沮喪的低迷」。

透過投射模擬情緒，小組中的演員足以完全改變整個委員會的決定。當演員歡快熱情和平靜溫暖時，組員之間相處關係會更好，衝突較少，合作較密切，任務表現更好，而且比消極組更公平地分配加薪。**一個人的情緒會影響他人的情緒以及整個團隊的合作**

和決策。

有一點要特別注意：委員會中的其他成員都無法具體指出團體風向改變的原因。我們完全沒有意識到自己有感染他人的能力——無論是積極的還是消極的。

另一項研究發現，在我們看到另一個人臉部表情的當下，我們的臉部肌肉就會有所反應並巧妙地開始模仿，這也導致我們感受到對方傳來的情緒。研究人員發現，人們在靠近彼此的五分鐘內就會感受到對方的情緒，就算做的項目不同也是如此。

僅僅改變臉部肌肉所表達出的疲倦、恐懼和快樂都能**啟動自主神經系統來感受模擬的情緒**。另一個人的非語言線索會改變我們的賀爾蒙水平、心血管功能，甚至是免疫功能。

幸運的是，學習判斷線索就是避免受到消極情緒感染的最佳方法。要怎麼做呢？**貼標籤**。加州大學洛杉磯分校的神經科學家馬修．利伯曼（Matthew Lieberman）發現，在我們貼上消極線索標籤的當下，情緒就會與杏仁核分離。在一項實驗中，研究人員向受試者展示了一張憤怒臉孔的照片，並對其進行功能性磁振造影。結果發現，光是看到生氣的表情就足以激發受試者大腦的恐懼中心——我們不喜歡看到生氣的人，這會讓人緊張（而且我們不想捕捉到這情緒！）。但關鍵在於：當受試者被要求要將眼前的情緒貼上標籤之後，這動作隨即讓情緒脫離杏仁核，而受試者的恐懼也隨之消退。

將消極線索貼上標籤可以減少其影響。學習判斷線索有助於你發現並停止接受消極線索，也能控制好你傳遞給別人的線索。

你的線索也有助於產生良好影響，並具有積極的感染力。領導者可以學習將成就感傳遞給他人。當你展現熱情時，人們也才可能對你表現熱情。當你表現得能幹、冷靜自信時，其他人也才更有可能仿效。你的魅力線索可以扭轉他人的消極線索。我們想要帶給別人什麼，模仿那種線索就好。

★線索循環

說到溝通，大多數人想的是解碼線索。

解碼是指我們如何閱讀及解釋他人傳遞的社交訊號。社交訊號有助於我們解讀一個人的方方面面——他人的意圖、可信度、能力，甚至是個性。我們經常錯失線索，然後想知道別人為什麼會這麼做。解碼線索對於準確解讀情緒、預測行為和解決人際問題至關重要。你越善於解讀線索，就越能弄清楚人們口中的感覺和他們實際感覺之間的差別。

但解碼只是這等式的一部分。那我們傳遞給別人的線索呢？這就是所謂的**編碼**。

編碼是指我們如何傳遞社交線索。我們是有目的性的在傳遞某些線索——以良好的姿勢站立來顯示自信，或是以微笑來表現友好。但我們傳遞出線索時，大概率都是偶然的。

我們無法控制自己所傳遞的每一個線索（例如無法改變眨眼的頻率），但我們可以掌握好最重要的線索。

有目的性的編碼能影響別人如何看待你，這有助於你感到更加自信，給人留下深刻的第一印象，並且有明顯的存在感。你也要避免傳遞與目標不一致的訊號，比如想讓別人留下深刻印象，卻傳遞過多的熱情線索；又或者原本是想尋求融洽關係，卻編碼了能力線索，導致關聯性斷裂。

杰米．西米諾夫在《創智贏家》徹底失敗的那一天，他在編碼和解碼兩方面都失分了。雖然他有很好的產品，但卻沒有傳遞出正確的線索讓鯊魚幫上鉤、對他產生信心。他也沒能解碼破譯出那些本可以挽救他的話語線索。如果能稍稍解碼，西米諾夫就能意識到鯊魚幫一開始的疑慮。

內化是指線索如何影響你的內在情緒狀態——你的生產力、成功和心情。如何解碼眼前的線索會改變

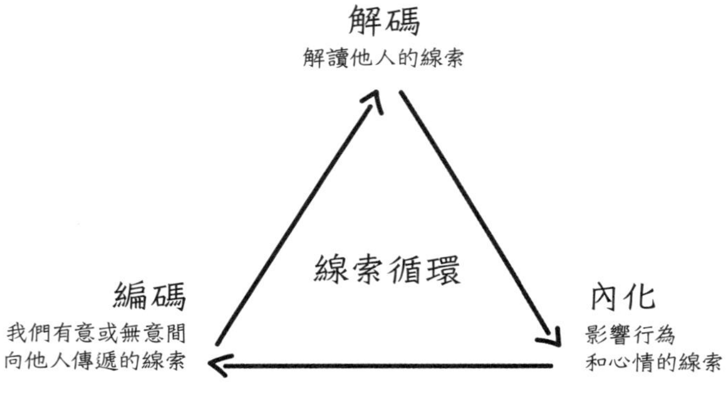

我們對世界的看法。所有線索都是內化的，也會影響後續的編碼。

想像一下，你正在開會，有位同事讓你感受到某些消極線索，例如不正面打招呼，對你的意見翻白眼，甚至在你提出最新想法時大聲嘆氣。當你開始思考這可能意味著什麼時，你的身體也會有連帶反應，幫助你釐清眼前的情況。研究人員發現，在解讀到代表拒絕的社交線索時，**我們往往會看到更多事情，以防有另一個更危險的社交線索來襲**。

換句話說，我們發現了某些線索並將其內化後，身體會產生變化，藉此因應接下來可能會發生的事情。我們解碼線索，內化含義，然後編碼反應。

我們可能沒有意識到，線索會從各種角度影響一件事的成功與否——不僅是互動的順暢和溝通的清晰，還會影響到我們的壓力承受度、動機，甚至是在工作中被包容的感覺。麻省理工學院的一位研究人員觀察到，從上級和同事中得到積極線索的員工會感到更有歸屬感，表現得更投入、更忠誠，因此有更好的表現。另一方面，當員工接收到消極線索時，他們會感到被排斥、被貶低、被低估。這會降低工作效率和人際關係，並導致士氣低落。

原則

線索會激發你與他人之間的積極循環和消極循環。

★沒有沉默按鈕

你有沒有打過撲克牌？打牌最難的地方就是要懂得虛張聲勢。不管你是一手好牌還是壞牌，要隱藏線索真的很難。

麻省理工學院曾做過一項關於虛張聲勢的有趣研究。研究人員發現，玩家經常會以「保持沉默」來虛張聲勢，什麼也不說，什麼都不做。玩家覺得如果自己什麼都不做，就不會讓別人看出任何端倪。沉默本身就是一種線索。虛張聲勢者最大的破綻就是試圖表現出毫無祕密。

我發現許多專業人士也會用「保持沉默」這招來隱藏情緒，表現得毫無表情，語調平淡，試圖不讓他人看穿內心想法。問題在於，我們無法讓線索真正消音。事實上，讓線索消音的方式就等於直接把自己送入危險區塊。

沉默形同了無生氣。了無生氣的人很無聊、容易被忘記，甚至很冷漠。我們的目標不是要隱藏線索，我們的任務是要讓身上的線索與個人的專業能力、人際關係目標達成一致。

本章任務

想知道別人對你印象如何嗎？要準確評估自己編碼釋出的線索，唯一方法就是觀看自己的影片（很痛苦，我知道！）。

試著錄下會議中或打視訊電話的狀態，盡量保持自然，不要過度思考身上的線索。我們想看看你最原始的模樣。

又或是找出以前你的視訊電話檔案或是社交媒體上的短片，看看你說話或祝酒時的模樣。你能拿出來研究的個人影片越多越好。

在你學習以下章節中的線索時，重新觀看自己的影片，看看你在自然的情況下使用過哪些線索。

PART
1

非語言的線索

CHAPTER 3 領導者的肢體語言

在阿肯色州小岩城長大的科菲・埃塞爾（Kofi Essel）有兩大夢想：成為醫生和加入NBA……而且是同時。

多年後，我們因為在埃默里大學（Emory University）讀書而認識。從見到他的那一刻，我就知道他以後是個做大事的人。雖然埃塞爾無法為NBA增添光彩，但他確實成為了一名醫生，是兒科教授，還是兒童健康的倡導者。

埃塞爾在華盛頓特區的國立兒童醫院擔任兒科醫生，他的工作並不輕鬆——必須在短短幾秒內與病人及其家屬迅速產生連結，建立信任並展現能力。他至少得同時面對兩種不同類型的人：孩子與父母。

「我只有短短幾秒鐘的時間能與患者家屬建立關係，把話說清楚。如果做不到，我就會徹底失去他們的信任。」埃塞爾醫生說。

為了做到這一點，埃塞爾醫生想出了跟每個家庭都能用上的套路：「首先，我會跟孩子打招呼，通常是和孩子擊掌，然後彎下腰或蹲低，與孩子的視線齊平，確保我是在跟孩子交流。」埃塞爾醫生解釋道。

埃塞爾醫生發現，如果他先跟孩子打招呼，通常會贏得父母的好感。他從解讀父母親的臉部表情發現這一點。「我注意到，如果父母看到我和孩子在一起，他們的壓力就會減輕。我看到他們的表情在變。如果我能和孩子交流，父母親似乎會更放心。」埃塞爾醫生說。

交流是埃塞爾醫生工作中的核心要素。他說：「**人們一直都在尋求欣賞、接受和認可**。」而他的目標就是透過語言和非語言的方式來實現成功交流。

一旦孩子覺得受到歡迎，埃塞爾醫生就會把注意力轉向父母，將身體轉向他們，握手並進行眼神交流。埃塞爾醫生發現，這種微小的非語言線索非常重要，他甚至在打電腦做紀錄時都能做到這一點。他說：「我要確保能直接看到孩子的家人，我不喜歡有其他因素干擾。」

埃塞爾醫生發現，任何的干擾都會在他和患者之間築起一道牆。他有一個非語言的技巧來解決這問題。他說：「為了強調我有在聽，我會停止打字，把身體轉向他們，讓他們知道我在這裡。」這就像在告訴對方：「如果你想對我說的事情需要我專心去聽，我會做到。」

長期下來，埃塞爾醫生與患者交流發展出一套固定的非語言模式，使他變得極具魅力。在分析他使用的線索之前，我們先來看看為什麼使用非語言線索是達到魅力溝通的關鍵所在。

★非語言的力量

多數人說到溝通時，關注點都擺在一件事上：語言。語言很重要，但很遺憾，光靠文字是不夠的。**你的非語言線索會產生影響——提高或降低他人對你的理解程度**。有句老話說的一點都沒錯：「你看即你聽。」

你或許有最精彩的故事，有最好的數據，或是有最讓人印象深刻的紀錄，但如果你無法用正確的線索分享，這一切都無法傳遞出去。

還記得先前提過，在平常的交流中，有百分之六十五到百分之九十都是非語言線索，我們不斷地透過手勢、臉部表情、肢體動作和姿勢向他人傳遞或編碼非語言線索。當然，在每一次的互動中，線索也會回傳給我們。當你知道如何準確解碼線索時，你就能窺視到一個人的內心世界。

研究發現，提升讀懂非語言線索的能力非常值得學習。使用非語言能力是一種對生活方方面面——社交、愛情和職業——都非常有用的技巧。

有研究發現，對非語言線索識別能力較強的人在工作中賺得也更多。為什麼？因為如果能快速而準確地解讀情緒，會在工作中為你帶來不可思議的優勢。你可以更準確地預測行為，發現隱藏的情緒，更清楚表達想法。該研究的作者表示，擅長使用非語言技巧的人「在同事眼中更具備社交和政治技巧」。

認識非語言線索有助於你所有的人際關係。研究人員發現，在解讀他人表情和語調情緒上出錯的學生，其人際關係的幸福感明顯更低。

維多利亞大學（University of Victoria）錄下了真實的工作面試過程。然後，他們關掉影片聲音，播放給評委看。單純透過觀察候選人的非語言線索，評委們就能準確評估他們的可僱用性與社交能力。令人驚訝的是，得到評委給出最高分的候選人也真的得到工作了。想一想！你花了多久時間思考和練習如何回答面試問題？你又花了多久時間思考坐姿、如何打招呼或使用什麼手勢？你怎麼說和你說什麼一樣重要。

我們會用非語言線索來評估一切——能力、社交技巧和可僱用性。非語言線索要嘛為你所說的事情加分，要嘛減分。

在本章中，我將教各位如何像埃塞爾醫生利用非語言線索來展示魅力。這些特殊的線索將能讓人同時感受到高度熱情和高度能力的完美平衡。

第四章介紹象徵信任和開放的高度熱情線索。

第五章介紹象徵力量和才智的（非語言類）高度能力線索。

第六章告訴各位讀者要遠離哪些線索，避免落入危險區塊。這類線索會引發他人的不信任、不尊重，以及所有你能想到的糟糕字眼——疏離、厭惡和不喜歡。

埃塞爾醫生根據目的善用線索，創造出一種非語言模式，加速與患者建立信任與融洽關係。接下來，就輪到各位讀者了。

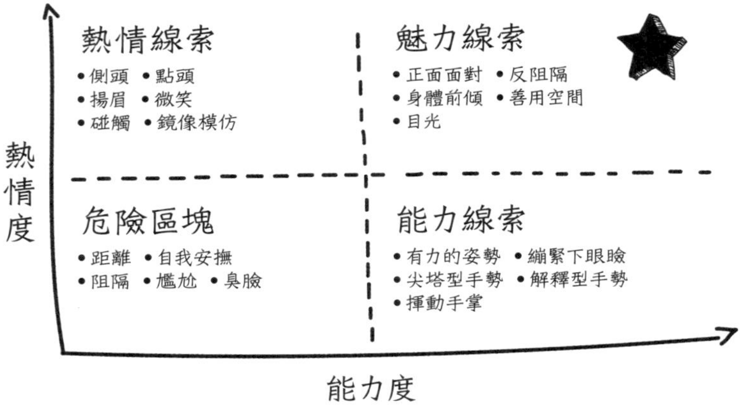

請注意！

文化差異

雖然許多非語言線索都可通用，但其中也會因文化差異而造成不同認知。

例如：義大利人比美國人更愛比手勢。

在印度和巴基斯坦，人們點頭的方式與西方不同。

在某些亞洲和中東文化中，與上級有眼神交流是不禮貌的行為；在美國，不和上級眼神交流被視為不禮貌的表現。

幸運的是，不同文化之間的非語言行為，相同之處多於差異。研究人員針對九十七項研究進行了大規模分析，發現在不同文化中，對情緒的認知多數時候並非偶然。

不意外的是，人們能更準確地察覺到來自同一國家、民族或地區之人的情緒表達。這說明當你在自己的群體內解碼線索時，會具有一定的優勢，而在解碼外人的線索時，也會有明顯劣勢。所以我們更有理由要釐清線索及其含義，如此一來才能平衡自身的解碼能力。

本書中所提出的線索，基本上都是普世通用的。如果存在明顯的文化差異，我會標記說明。

★魅力線索一：像領導者般身體前傾

我們來玩個心理遊戲如何？

不管你現在在哪，是坐著或站著，請你把身體往前傾，好嗎？不用太多，就往前幾英吋。保持這姿勢十秒鐘。

感覺如何？有沒有發現什麼有趣的事？

這個簡單的動作會活化大腦的特定部位，讓你感覺更有動力。在一項有趣的實驗中，研究人員發現，當他們要求受試者身體前傾時，他們左額葉皮層的神經活動增加，這是大腦中與慾望和動機相關的部位，會讓人產生一種向某事前進的渴望。**被要求向後傾的對照組則未表現出任何活化活動增加的現象**。

我們向前傾身時，會感受到更多動力；向後傾身則是失去動力。人們會傾身靠近他們喜歡的人、事和想法。當我們傾身向前時，更容易活化五感。

向前傾，**看**事物會看得更清晰。

向前傾，**聽**事情會聽得更清楚。

向前傾，能**碰觸**到東西。

向前傾，**聞**味道能聞得更仔細。

向前傾，能拿取東西並**品嚐**它。

如果我們喜歡或想要某樣東西，就會想要靠近它。因此將向前傾身解讀為感興趣的訊號是說得通的。我們喜歡別人靠近，向前傾就是一種終極的讚美，因為會讓我們感到自己是有趣的、是被想要的。不用靠太近——幾英吋就夠了。

身體前傾是一種極具魅力的非語言線索，既能向他人表達興趣，又能激發內心動力。

在另一項研究中，研究人員要求受試者觀看人們身體前傾或後傾的照片，然後回答喜歡或不喜歡的程度。結果很明顯：身體前傾的人受喜愛的分數較高。

想讓人覺得你看起來（或感覺上）感興趣及投入的最快方式就是身體前傾。

我認為身體前傾是一種將非語言訊息**加粗加黑**的強調表現。當你向前傾時，它會加粗或強調剛剛所發生的事情。我會透過身體前傾來表示：

- **強調：**如果某人說了我認為很重要的事情，我會傾身朝向他們。如果我正在說某件重要的事情，我也會身體微向前傾。
- **同意：**如果我同意某人所說的話，我會用身體前傾來強調，讓對方知道我對你所說的事情很感興趣，我想靠近點聽清楚。這也讓我更有動力去理解對方所說的內容。
- **夥伴關係：**如果我覺得和某人關係親近，或是想表明我與對方站在同一陣線，我會將身體傾向對方。在與人互動的前幾分鐘使用這項技巧尤其有效。埃塞爾醫生正是藉著前傾並將身體降至患者視線水平高度，以此建立融洽的醫病關係。

無論你在哪，在舞台上或是打視訊電話，無論你是坐著或站立，都可以使用身體前傾的技巧。

有趣的小技巧

無菌前傾

如果你跟人打招呼時不想握手或接觸，你可以選擇以身體前傾來代替。據報導，動物學家戴斯蒙·莫里斯（Desmond Morris）記錄了人們打招呼時的慢動作分析，發現沒有相互擁抱的人，身體會有一種微妙、可察覺的前傾動作來代替擁抱，達到擁抱的效果卻不用真正有身體接觸。

認為身體後傾看起來很酷是對身體傾斜最大的誤解。確實，是很酷，是帶著冷意的酷。身體後傾或是**傴僂姿勢**都是危險區塊的線索。

當別人在分享對他們來說很重要的事情時，你最沒魅力的表現之一就是身體向後靠、傴僂或斜靠。領導者都很重視身體前傾的表現。

原則　身體前傾表示感興趣、參與和認同。

◎何時該前傾

- 當你跟同事或合作夥伴交談時，你想表現出對他們的支持、對他們的想法感興趣，並且想參與其中時。
- 當你希望別人注意到你的想法並表示同意時。
- 當你在演講，想要強調重點時。

◎何時不該前傾

- 當你不同意對方觀點時。事實上，不讓身體前傾就是一個好辦法，可以在不失禮貌的情況下，告訴對方你對他們所說的事情不感興趣。

- 當你需要設定空間或界線時。有沒有覺得你身邊的某人有毒？在陳述你的需求時，身體不要向前傾。站直、站穩了！
- 如果你覺得自己在彎腰，說明你前傾過頭了。

★魅力線索二：敞開身體，敞開心胸

想像一下，如果耶穌在《最後的晚餐》中雙臂交叉，或是自由女神把火炬舉在胸前，而非張開手臂、驕傲地高舉過頭，這些藝術品或許就沒那股強大力量了，對吧？

封閉的身體意味著封閉的內心……還會激發他人的封閉思想。我把這現象告訴了我的朋友、著名的網路行銷專家布萊恩．迪恩（Brian Dean）。有一天我看到他的網站首頁是一張他雙臂交叉的照片：

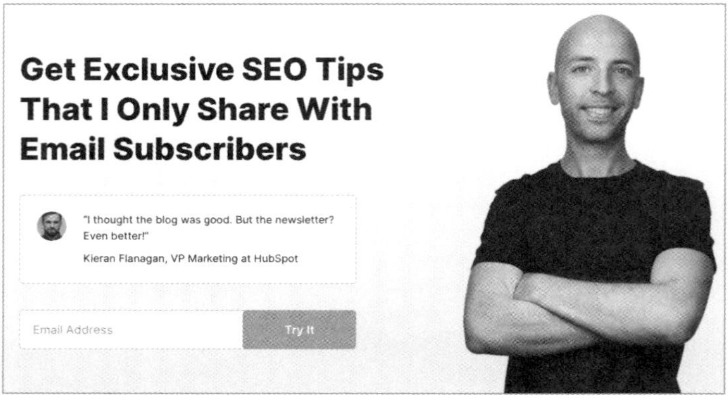

我知道布萊恩在數據方面很有天賦，於是我提議

做個實驗。我告訴他：「把照片換成放下手臂、敞開身體的姿勢，這會提高你網站的轉化率。你看起來會更敞亮，讓人們更願意收到你的電郵消息。」

布萊恩同意嘗試，並在網站上設置所謂的拆分測試，這意味著百分之五十的網站訪問者看到的是布萊恩雙臂交叉的圖片，另外百分之五十看到的是敞開身體的圖片，而其他所有內容都保持不變。

拆分測試能夠將相同變量的兩個版本（在本實驗中即身體姿勢）在數萬名的網站訪問者中進行比較。在九十天裡，有二十三萬七千七百九十七人參與測試。最後……開放的身體姿勢贏了，而且**贏很多**。單純改變成開放姿勢就讓布萊恩網站的轉化率提高百分之五點四！這數字聽起來好像不多，但就網路流量轉化率而言，這是非常驚人的。這意味著，改變一個小小的線索就能增加成千上萬的電子郵件訂閱者。

非語言線索的影響力不僅是發生於你親自在場的

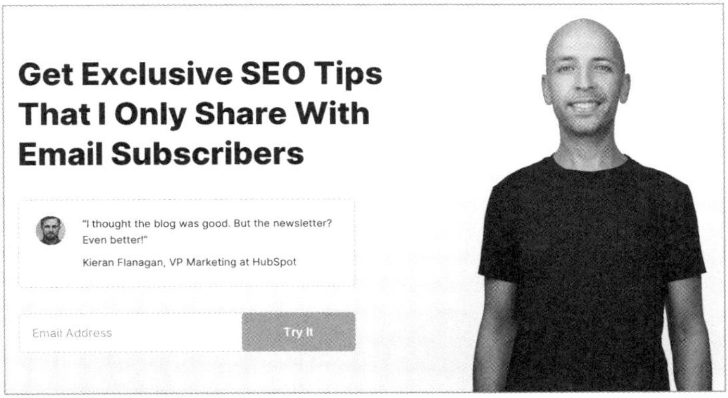

時候，也會出現在你的個人資料照片、網站、社交媒體照片和行銷材料中。研究人員邀請專業人士對商務場合發言人的錄影畫面進行評分，評分過程中，可以選擇播放聲音，也可以選擇靜音，有沒有聲音都無所謂。**結果是手臂擋在胸前的發言人**，無論是單臂還是雙臂，**得到的評價都是更有距離感、更具防禦性，以及魅力度較低**。

若想與他人建立關係時，人們通常不喜歡雙方之間有障礙。回想一下，在《最後的晚餐》中，猶大的雙臂在胸前交叉，表現出**阻隔線索**——在自己與他人之間設置障礙。正如我之前提過，無論是雙臂交叉，或是用電腦、錢包、講台、寫字夾板或枕頭擋在身體前面，都是最常見的阻隔線索。

問題在於：多數人都喜歡交叉雙臂。雙臂交叉的感覺很好，因為能讓我們覺得不那麼容易收到傷害。雙臂擋在胸前，重要器官得到保護。但這是有代價的。為了這一點點額外的舒適感，你的魅力度減少了。很多人雙臂交叉只是一種習慣，但這個微小的非語言線索會在你和你想要建立關係的人之間製造出身體和心理上的障礙。

你或許注意過，當某人在會議或約會中感到緊張時，他們會突然下意識地交叉雙臂，這是一種保護自己不受緊張根源影響的本能，就好像在給自己一個擁抱。當有人突然做出阻隔行為時，我會仔細觀察並記在心裡：他們可能需要更多安全感[2]。

埃塞爾醫生會刻意移開電腦，表示他正在消除障礙。**他知道，如果自己不敞開身體，**

他人就不太可能敞開心扉。

消除障礙就是一種**反阻隔線索**，是一種展示魅力、讓人們敞開心扉的好方法。

艾薇．龐波拉斯（Evy Poumpouras）是美國前特工，目前主持Bravo精彩台的節目《間諜遊戲》。在擔任特勤局特工時，她負責審訊和問話工作，為了讓對方敞開心扉，她會使用一些非語言技巧，包括反阻隔線索。她解釋：「要問話時，我會帶上手機，然後放到一旁，我也會把手錶摘掉。無論對方是誰，我想讓他知道，我哪都不去，在那當下，他們最重要。」

致台上講者

在台上演講時不免要面對麥克風和講台。請注意：這些東西可能會在無意間形成阻隔線索。拿麥克風時，絕對不要把它緊緊抓在胸前。人們經常犯這錯誤：麥克

註2：要隨時注意環境因素。舉例來說，是不是開空調了？有些人會因為冷而突然交叉雙臂。稍後會討論這一點。

風貼近下巴，身體緊縮。請把麥克風拿高、離身體遠一點。或者最好乾脆買個免持麥克風！

注意講台。物理學家奈爾・德葛拉司・泰森（Neil deGrasse Tyson）經常受邀演講，但講台卻困擾著他。他說：「他們總告訴我：『你得站在講台後面。』」但他喜歡利用整個舞台來交流。「什麼？你想讓我站在講台後面講兩個小時？我會告訴他們，不，我要用整個舞台。」講台限制了講者在舞台上的移動，也限制了手勢的流暢度，會讓你整個人看起來很渺小。

研究人員甚至發現，講台阻礙了演講者分享新內容的能力。如果可以的話，無論如何都要避免站在講台後方。這是展現魅力的一大障礙。

有魅力的人也會特別對眼前的人儘可能的敞開身體，讓彼此之間毫無障礙。還記得線索是如何感染他人的嗎？**如果你敞開自己，這動作就會激發周圍的人跟著敞開**。當別人看到你能自在的毫無保留，連帶也會鼓勵他人敞開心扉。

敞開身體不僅是對他人的重要社交訊號，對自己也是一個關鍵訊息。二〇一七年，研究人員在一項令人興奮的研究中發現，擁抱身體的方式會改變思維模式。研究人員要求受試者以不同姿勢完成創造性的任務。當受試者坐姿敞開時，創造力明顯更強！**總歸來說：封閉的身體姿勢會減少創造力和心態開放的程度**。

有趣的小技巧

反阻隔道具

意識到身體的阻隔動作足以阻塞思維後，我也試圖不讓他人有機會做出阻隔線索。在我一開始的幾場演講中，我發現如果在演講前先把講義發下去，與會者在整個過程常會把講義抱在胸前或擋在身體前面。現在，我都會等到休息時間或問答環節才發講義。想想你可能做過什麼阻隔線索。他人是否在無意間使用了這些技巧將你擋在門外？

原則

若想激發內心敞開，就以非語言的方式開啟。

◎何時該敞開

- **當你在一對一的互動中需要建立融洽的關係時**。表現出你在努力消除與他人之間所有障礙。在與客戶開會時，將桌上清乾淨。在做大腦風暴時把電腦放到一旁。跟別人說話時放下文件夾板。約會時稍稍移開咖啡。敞開身體，打開心扉，開放思想。
- **當你需要激發靈感的時候**。想讓自己變得更有創造力、更開放、更有想像力嗎？不要交叉雙臂。想讓他人變得更有創造力、更開放、更有想像力嗎？鼓勵他們放下雙臂。遞給對方一杯水，給他們一支筆做筆記，讓他們看看你的家庭照片，如此一來對方不得不敞開心扉，向前傾身朝你靠近。
- **當你做簡報或宣傳時**。要時刻努力做到無障礙——敞開的身體是最有魅力的。善用遙控器，不要只坐在電腦前說話。離開講台。手臂放在身體兩側，你可以輕鬆比劃手勢，並且毫無保留的站在觀眾面前。
- **當你在選擇檔案照片時**——尤其是領英（LinkedIn）或約會網站上的檔案照。封閉的身體姿勢代表著封閉的思想與內心。

◎何時不該敞開

- **當敞開並非適當線索時**。愛爾蘭綜合格鬥選手康納．麥格雷（Conor McGregor）經常被拍到雙臂交叉，但這對他的品牌來說是完全合理的。他不想被視為開放之人！在別人眼中的他，最好是一個封閉、令人生畏和強硬難纏的人。對他而言，雙臂交叉就是傳遞對的線索——他就想落在危險區塊。

- **當你不想參與時**。是否有人讓你感到不舒服？交叉雙臂吧！如果你想表明停止交流或不接受某人的想法時，就把他們擋在門外吧。這個方法適用於喜歡貼近講話或過多肢體接觸的人。

★ 魅力線索三：正面面對

約翰．史塔克頓（John Stockton）是剛薩加大學（Gonzaga University）的一名普通大四學生。一九八四年六月，他的整個人生發生了改變。史塔克頓在一九八四年NBA選拔賽第一輪意外被猶他爵士隊選中。根據《德瑟雷特新聞》（*Deseret News*）報導指出，兩千名粉絲聽到這消息時，「現場一片安靜，安靜到連針掉在地上都能聽見。」

當時沒人知道史塔克頓後來能為爵士隊打了十九個賽季，獲得十次NBA全明星球員，成為美國男子奧運代表隊的一員，還被NBA評為史上最偉大的五十名球員之一。

是什麼讓史塔克頓如此成功？有個數據是關鍵。儘管他已在二〇〇三年退役，但他仍保持著有史以來最多的助攻紀錄：準確來說，是一萬五千八百零六次。（傑森・基德〔Jason Kidd〕以一萬兩千零九十一次助攻位居第二。）

在籃球比賽中，助攻是指一名球員向隊友傳球，幫助隊友投籃得分。就算你只是平常看看比賽，大概都看過上千次的助攻了。但我敢打賭你一定不知道這其中有一個助攻成功的關鍵非語言線索。史塔克頓很熟練的運用了這一點：正面面對。

正面面對是指你轉動身體來代表注意力的集中。具體來說，是將所謂的三個點——腳趾、身軀和上身——轉向關注的對象。身體的方向是在提示一個人的內心方向。正面面向目標就是一個很好的線索，了解別人在想什麼。

當某人準備離開時，腳趾就會朝向出口。

當兩個人正熱烈討論時，雙方整個身體會呈一直線，從腳趾、臀部和肩膀彷彿就像兩條平行線。

當某人肚子餓時，通常會面向吃到飽。

有趣的小技巧

面對暗戀對象與老闆

我和團隊觀察到，在工作派對中，大多數人的腳趾方向都是朝著老闆，也就是現場最重要的那個人，即便沒機會和老闆交談也一樣。想知道真正受到尊敬的是誰嗎？看看大家的腳趾方向。

通常人們腳趾朝向的對象也是他們暗戀的對象。當我們心屬某人時，腳趾也會跟著內心走，時時準備好走向對方。

相反地，如果人們不在意，他們就不會面向該人或該事。當人們對電子郵件比對眼前簡報內容更感興趣時，大概率會將身體、雙腳和頭部轉向電腦，偶爾才抬起頭來看前面。當某人在社交活動或派對上不太想跟人交流時，他們會把身體轉向，將腳趾朝向更開闊的空間——希望能逃走。在一場糟糕的約會中，身體會試圖轉向並遠離。

歷史上優秀的助攻者和偉大的助攻者之間的區別在於，他們在傳球之前就能向其他球員發出非語言信號。史塔克頓透過面向隊友的動作進行非語言交流。史塔克頓說，很多人覺得這是讀心術。他說：「你拼命傳球別人都能接住。有人就會說：『哇，他肯定知道那個人在想什麼。』」他描述自己是如何無聲地將球傳給隊友卡爾．馬龍（Karl Malone）。他們兩人是ＮＢＡ具代表性的雙人組合。

仔細觀察史塔克頓的助攻，你會發現在他成功傳球之前，他會先把頭轉向目標，然後身體轉向，最後如果有足夠的時間和空間，他會把腳趾也轉向傳球方向。

這個方式讓他成功助攻了數千次。時至今日，史塔克頓依舊被視為是有史以來最偉大的控球後衛之一。史塔克頓會向其他隊員示意要把球傳到哪，而**他所注意的方向也成了其他隊員的關注點**。史塔克頓在傳球之前，會用非語言的方式告訴隊友球可能的落點。或許你也曾在不知不覺中做過同樣的事。

在現實生活中，正面面對是如何起作用的？答案是：從上到下。

當某樣東西引起注意時，我們會轉頭看著它。從生物學角度來看，轉頭是比較容易且不費力的。如果真的感興趣，接著就會轉動身體，準備更好地融入或擁抱關注目標。如果想全神貫注甚至靠近觀察，腳趾也會跟著轉向。

調整身體方向需要付出努力，因此正面面對代表尊重的非語言線索也就不意外了。這是以非語言方式讓人參與其中的好辦法。領導者會以非語言方式關注身邊所有人。他們用身體證明你對我很重要，我要把整個身體朝向你。

要讓某人知道你感興趣、你的存在和投入，最快的方式就是將身體面向他們。**我們想與他人建立關係時，經常犯的最大錯誤就是只給予一部分的非語言關注：**

- 有人在和我們說話，但我們幾乎沒看人家一眼。「嗯，喔。」我們喃喃自語，眼睛緊盯著正在做的事情。
- 同事在會議上發言，我們甚至都懶得轉向那個人，只把注意力放在現場的投影片上。
- 家人帶著好消息回家，而我們的目光一直停留在電視，沒看對方一眼。過一會兒才回頭喊道：「真是好消息。」

想讓對方知道他很重要嗎？想讓對方知道你有在聽他說話嗎？**轉身面向他們就對了**。埃塞爾醫生透過面向患者來表示他在傾聽。在《最後的晚餐》中，耶穌是唯一一位「面向」觀眾的人物。其他的使徒有的在比手勢，有的是只有側臉，只有耶穌是從頭到腳都正面面向我們。

正面面向是最容易掌握的線索，得到的回報也最大。這是一個強大的魅力線索，原因有二：

一、正面面向會讓編碼和解碼非語言線索變得更容易。你可以從頭到腳看到對方，對方也能看見你。

二、正如在線索循環中學到的，身體上的協調能讓我們在情感和精神上更容易達成一致。

使用正面面向最好的方法之一就是轉向某人，跟他們成一直線。當你打電腦做筆記時，這一點尤其重要。

在對方面前，你瞬間會變得更有魅力。無論是在休息室、在酒吧，或是開會聊天，甚至是和孩子說話時，都可以這麼做。我發現當我面向女兒，給予她全部的非語言關注時，她會顯得更加平靜。

有趣的小技巧

邀請他人面向自己

想在酒吧或社交活動中被搭訕嗎？試試靠吧台站著，或靠在高腳桌旁，盡量讓面前有足夠的空間。這說明你願意與人交流，並邀請他人與你交談。

想要接近他人嗎？尋找張開的雙腳。當人們投入對話時，他們整個身體都會朝著對方——雙腳會成平行。不要打斷這類談話！當人們對外人敞開心扉時，站立時雙腳會呈外八狀態，看起來就像個羊角麵包。他們的腳趾彷彿在說：「這裡不錯，還有一點空間。趕緊加入吧！」相反呢？你想從一個喋喋不休的人那裡被「解救」出來嗎？那就面向一個可以拯救你的朋友或聚會主人，這可以巧妙地暗示他們過來幫忙。

坐著時也別忘了要面向他人。如果會議桌另一端有人發言，轉動你的椅子，將身體面向他們。

原則 如果你希望他人感受到被傾聽、被接受、被尊重，轉身面向他們。

◎何時該面向他人

● **表示尊重和／或關心。**確保你的身體是面向你所在意的對象。當老闆走進辦公室時，正面跟他打招呼；當夥伴跟你分享好消息時，記得要把椅子轉向面對正在說話的人。

● **看到別人重視什麼。**觀察他人的腳趾、身軀和上身朝向何處，或許能幫助你更近一步了解他們在注意什麼。

● **在辦公室裡。**把辦公室的擺設和家具設計成方便正面面向他人。移動桌椅，讓每個人都方便站在你面前。圓形會議桌是最好的選擇，轉椅也會讓事情更容易些。

● **該離開的時候。**有時，我會迫不及待想提早逃離派對現場——我的中向性格[3]在晚上九點後就沒那麼有魅力了。我會不經意地面向門口，表示我想結束談話。你也會意外發現，人們注意到這微妙暗示的機率有多高。

◎何時不該面向他人

● **當想避免分心時。**如果我正專注於某件事，想要禮貌表示「現在不想被打擾」，那麼我就不會面向對方。

● **當某人說話說過頭了。**你是否經歷過有人對你說個不停？或是分享過多訊息了？如果你覺得某人說過頭了，停止面向他！你讓他們參與太多了。把身體斜向一側是個暗示對方慢下來和退後的好方法。

● **當你沒有時間或空間。**史塔克頓在沒有完全面向隊友的情況下也成功傳球了數千次。有時他只能迅速轉頭或掃一眼。時間緊迫的情況下，這也能起作用——絕對比完全不看來得好。

- **當你需要隱蔽的時候**。史塔克頓有些絕佳助攻是偷偷完成的，如果他打算偷偷把球傳給某人，他也會故意不面向隊友。如果你試圖隱藏注意力和意圖，那就不要面向目標。

★魅力線索四：善用空間

「她想來打個招呼，跟新男友一起。」傑瑞・賽恩菲爾德（Jerry Seinfeld）說。

「她的新男友是個怎樣的人？」傑瑞的母親問。

「人不錯，但說話有點近。」傑瑞說。

「有點什麼？」她問。

「你等下就知道了。」傑瑞說。

幾分鐘後，伊萊恩的新男友走進傑瑞的公寓，跟每個人說話時距離都不到十五公分。

註3：中向性格的人有同時具備內向者與外向者的特徵。請至 scienceofpeople.com/bonus 閱讀關於中向性格的完整指南。

當他對著他人的嘴巴說話，把氣噴在別人臉上時，這位「近距離說話者」完全沒有察覺到自己失禮的社交行為。

《歡樂單身派對》（*Seinfeld*）中的這一幕說明了極度重要的非語言線索：**空間**。人類學家暨跨文化研究人員愛德華・霍爾（Edward T. Hall）發現，有些無法言喻的規則會使得人與人之間保持一定的距離。作為人類，我們對周圍的人會根據感覺決定距離。**我們感覺與某人越親近，就越允許對方接近自己**。

霍爾認為，身體距離是親密度的線索。你可以根據他人與你之間的距離來解碼對方對你的感覺。你也可以透過與他人之間的距離來編碼你對他人的感覺。

人們不斷地進出我們的個人空間。霍爾將屬於自我的空間距離分為四個區域。每個人、每種文化都有自己對空間的特定偏好，以下是各區域的平均值。在身體周圍有四個區域，我們會在不同的區域與不同類型的人互動，這四個區域分別是：（1）親密空間距離，零到四十五公分；（2）個人空間距離：四十五公分到一百二十公分；（3）社交空間距離，一百二十公分到兩百二十一公分；以及（4）公共空間距離，超過兩百二十一公分以上的距離。

1. **親密空間距離：**與高度信任、有深厚感情基礎之人的相處距離，因為身體有可能受到傷害。在此距離內的人，他們可以伸手碰觸、親吻我們，也可以打我們或拿走我們的東西。如果有人不小心闖進親密空間距離時，經常會讓人感到不安。

2. 個人空間距離：這是最常使用的區域。在此區中，我們可以輕鬆地與他人握手。跟同事、朋友或家人交談時，這個距離能讓我們聽清楚對方說話，也可以交換熟悉的手勢，例如擊肘或擊掌。

3. 社交空間距離：常見於商務或工作互動場合，無需身體碰觸或深入對話。常見於派對、酒吧點單或是會議桌。

4. 公共空間距離：這個區域讓我們有足夠的空間在別人靠近前先審視對方意圖。如果你與某人保持兩百二十一公分以上的距離，你可以看到對方的全身，對方的手勢和姿勢。有些人可能會在公共空間距離先揮手、點頭或出聲後，才會有下一步動作。

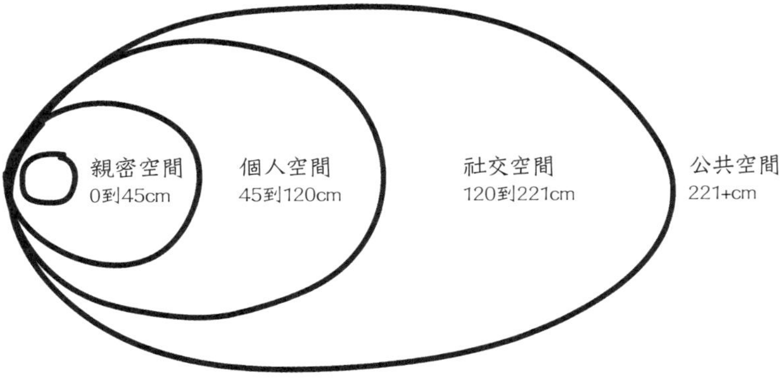

你不確定別人對你的感覺嗎？這種擔憂是可以理解的。現今的社會中有各種關係分類——網路上的朋友、社交媒體上的朋友、家鄉的朋友、朋友的朋友、亦敵亦友、工作上的朋友。很難知道自己到底處在哪裡，不過這裡有個小技巧：站定點，然後看看別人靠近你的距離。如果他們直接走入個人空間，大概率是覺得跟你相處非常自在，很高興跟你建立關係。如果他們站／坐在較遠的地方，落在社交空間距離中（或只是在公共空間距離朝你揮手或點頭），他們可能需要更多時間來熟悉你。如果他們直接進入親密空間距離的話，請注意！他們可能想要在身體上或心靈上非常靠近你。

在一項研究中，研究人員給了受試者負面評價，內容像是「你的字跡很醜」。他們發現，收到負面評價的受試者，通常會選擇距離曾侮辱他們的研究人員較遠的位置。這也不意外，對吧？人們都想避開有威脅性的人。在生意上，或許我們不知道誰對我們有負面情緒，但空間可以提供線索。

有趣的小技巧

影像距離

進行視訊通話時，最常犯的錯誤之一就是離鏡頭太近——這是強迫自己進入對方的親密空間。務必要確保你距離鏡頭至少六十公分，這樣對方才能看到你的頭部、肩膀和手勢。這能立刻讓對方感到自在。

達文西在潛意識中可能也意識到了這些區域。他在《最後的晚餐》中運用空間作為表示忠誠的線索。宗教學者認為，與耶穌最親近的使徒被安排在離祂最近的位置上。有趣的是，達文西選擇不讓任何人進入基督的親密空間。

如果在《最後的晚餐》中粗略地畫出四個空間距離，就不難看出使徒們與耶穌關係密切程度的排序。

這情況在現代也適用。想想標準佈局的會議室或會議桌，你通常會坐在哪裡？你坐得離老闆越近，知道得就越多。舉例來說，老闆或領導通常會坐在桌子的兩端，大多數情況是面對門口的A位，有時也可能是面對簡報／白板的E位。這個位置本身就代表高度能力，因為距離所有人最遠，但也最顯眼。

坐在B位和C位的人，通常是掌權者最主要的幫手。如此一來，這些位置就代表高度熱情。康乃爾大學的研究發現，**當你與某人身體距離越近，你就會感覺和他們越親密**。

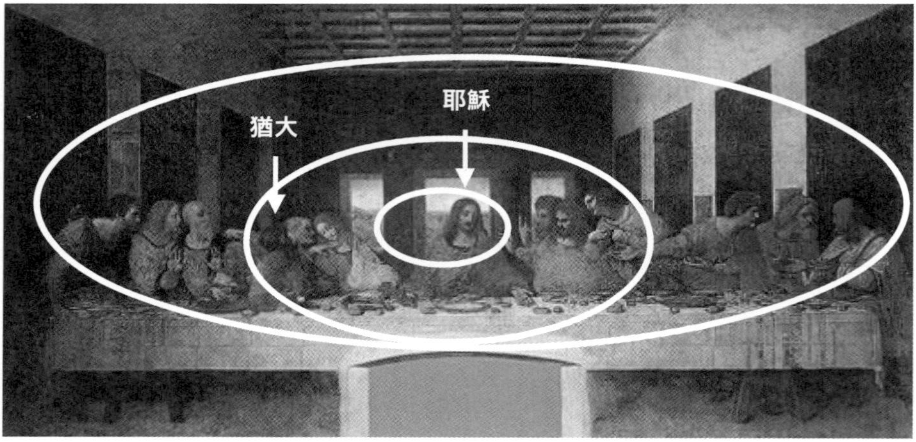

當你近距離接觸老闆，你就靠近了他的私人空間，跟他共享文件，低聲在他耳邊分享想法，甚至可以碰觸他的胳膊或和他擊掌。坐在這個位置上，即便現場許多人同時發言，你的聲音都能更容易被坐在權力位置上的人聽到。

梅奧診所（Mayo Clinic）的理查德・溫特斯醫生（Dr. Richard Winters）將此稱為側翼位。「坐在這個位子上，你就可以藉由協助主席來影響會議過程，你可以把注意力吸引到某個話題上，也可以轉移到其他主題。你也可以加快或放慢開會速度。」溫特斯醫生說。

你坐得離會議主席越遠，被認出來或被點名的機會就越小。中間座位（D位）產生目光交流和發言的機會都較少，主要是因為

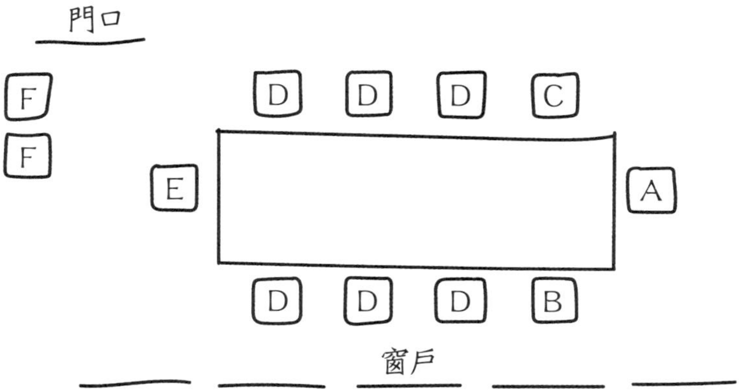

會議桌的性質。**如果你坐在邊上，就更有可能被邊緣化**。但這不見得總是壞事。如果你只是想旁聽或做記錄，中間區域是個不錯的選項，可以融入其中又不會受到過多關注。

中間區域的小技巧：你尤其需要善用正面面向和身體前傾的非語言線索，要確保將椅子轉向正在講話的人，表現出你的尊重和參與。你也可以透過身體前傾來表示支持。如果你是不得不坐在中間區域，如果你希望意見能被聽到，就要隨時做好開口的準備。

如果是坐得離老闆遠一點，但又想在他的視線範圍裡呢？E位（或是老闆對面的位子）是個不錯的選擇。如果你坐在老闆對面，最好要有很多話說。沒錯，坐在老闆身邊的B位或C位是不錯，但距離不是唯一考量。視線也很重要。E位是唯一可以完全面向老闆的位子。如果你想在老闆心中佔有一席之地或是有很多意見想表達，那就考慮E位吧。

要知道，這是另一個代表高度能力的位子。如果你選擇它，就要確保有一定的熱情，在言語和行動上都要表現出支持。多微笑、多點頭，給予更多的支持回應。

特殊技巧：有時候如果一場會議有兩個主持人，他們就會坐在兩端。訊息來自兩端，這也是一種平衡觀點的好方法。

那F位呢？我管這裡叫做邊緣座位。想早點溜出去嗎？不想說話嗎？說話還不夠份量嗎？選擇邊緣座位最適合了。這是離事件現場最遠的位置。如果你不想被邊緣化或是在會議中有話想說，那就避免這區的位子。坐在這裡說話，別人很難面向你，或是讓人不得不扭著脖子聽你說話。這是屬於沉默的位子。

底線：一定要聰明選位，根據內心的社交目標做選擇。在某些會議上，我有很多話想說，想處在別人的個人空間距離中；有些會議我想保持距離，當個旁觀者觀察就好。你可以根據目的進行座位編碼。

你也可以解碼他人選擇座位背後的動機。我發現我可以根據他人的座位選擇來了解對方感受。

有趣的小技巧

桌子形狀很重要

研究人員發現，桌子的形狀會影響決策方式！他們讓三百五十位受試者坐在圓形桌或長方桌評估廣告內容。坐圓桌受試者較偏好圖片中有一群朋友和家人，或是能傳遞歸屬感的圖像。坐長桌或方桌的受試者則更喜歡描繪進取者和競爭類型的廣告。

在公共辦公空間、酒吧和派對中，了解他人的空間需求至關重要。如果你太快進入到他人的個人空間，這會讓對方高度警戒。當有人侵犯到我們的個人空間需求時，我們會變得高度警覺、心跳加速，甚至可能因為備感威脅而臉紅。

要如何知道是否可以更靠近一步？**觀察是否有邀請線索或是等待線索來決定他人的空間需求**。我們也可以利用這些線索來編碼個人空間距離的舒適程度。

首先，邀請線索就是透過非語言方式告訴他人「好的，請靠近一點！」，這類邀請線索你可能都很熟悉。

- **面向：**如果某人面向我們，這說明對方是以非語言方式全心投入。
- **開放：**如果某人跟你之間沒有障礙，這是一個好跡象，代表坦然面對你。
- **傾身：**如果某人朝你傾身，他們已經在努力靠近你了。

其他邀請線索（包括下一章的熱情線索）都是友好和信任的訊號，包括：微笑、點頭、鏡像模仿和揚眉。如果你想編碼親密空間，可以在這些邀請線索上下功夫。如果你想知道是否能更靠近一步，就解碼這些邀請線索吧。

另一方面也要時刻注意等待線索。等待線索表示「我還沒準備好」。部分常見的等待線索包括：

- **阻隔：**如果某人突然雙臂交叉，把電腦抱在胸前，或是拿飲料擋著，他們是試圖在你們之間形成障礙。請你退後。
- **距離：**如果你向前一步，對方卻後退一步，說明你走得太近、太快了。
- **自我安撫：**有時靠得太近會讓人焦慮，對方就會自我觸摸。你可能會看到某人搓著手，把手放在心口，或是咬指甲。

猜猜怎麼著？**你也可以利用等待線索讓一個貼著你說話的人退後**。如果有人靠得太近、太快，你可以雙臂交叉，或甚至伸手拉開距離。

請記住：如果你看到等待線索，請放慢速度，努力建立更融洽的關係。

環境是影響我們如何利用空間的另一項重要因素。例如，某些環境會讓人不得不迅速進入親密空間，像是擁擠的酒吧、音樂會和跳舞俱樂部。這也是為什麼這些空間能催出浪漫氣氛的原因！在這空間裡，人們必須迅速靠近，而心也會跟著靠近。

有趣的小技巧

狹小的空間

在各種公共空間都有不成文的空間規則。搭過電梯吧？你不說話，也不跟人有眼神交流，眼睛直視前方或看著自己的腳。這就表示「我是被迫進入你的親密空間，但我並不想跟你如此親密」。

埃塞爾醫生有個獨特的空間問題。他必須在短短幾分鐘把自己從陌生人變成能檢查患者心律的醫生。這對相關領域從業人員都是一大挑戰，但凡需要接觸到患者，無論是牙醫、按摩師、醫生、訓練師、護士、物理治療師、教師和治療師，都必須進入到某人的個人空間內才能做好自己的本職工作。

即便是閱讀關於親密空間的文章可能都會讓某一部分的讀者感到不舒服。但別擔心，我有一個非常棒的非語言技巧，能夠快速跨越空間區域，我稱之為**非語言橋樑**。非語言橋樑能讓你暫時進入他人的親密空間，慢慢地拉近你和某人的距離。

橋樑是為親密關係暖身預熱的好方法，因為你並不是實際將腳或身體移動到對方的親密空間裡——這很嚇人的。非語言橋樑只是把手或一部分的身體暫時放到對方的親密空間區域。

在埃塞爾醫生的傾聽方案中，他會先跟孩子擊掌，這就是非語言橋樑的完美範例。這能讓埃塞爾醫生快速從公共空間區域進入到個人空間區域，然後再到親密空間區域，最後回到個人空間區域。接著他會彎下腰或蹲下來面對孩子，跟孩子處在相同高度。這個天才的舉動讓埃塞爾醫生能以一種不那麼嚇人的方式接近孩子。當他跟孩子說話時，他也會傾身向前——這是另一個非常棒的非語言橋樑。

以下是我喜歡的方法：

- **傾身：**當我們靠向某人或者是隔著桌子傾向對方時，我們就更接近對方的下一個區域。如果想認識一個人，這是一種微妙的暖場方式。
- **保持相同高度：**你有沒有試過站著和另一個坐著的人建立關係？很難吧！試著處在相同的高度。我很喜歡辦簽書會跟讀者見面，但經常面臨一個尷尬問題——桌子。當面前的人對你毫無保留的站著，而我卻只能坐著不動，感覺很奇怪。因此，在簽名售書會時，我會盡量使用高腳桌，這樣我簽名時就可以跟他們站在一起了。在只能使用標準桌子的情況下，我會盡量站著和別人打招呼，先跟他們握手才坐下簽名。
- **手勢：**你也可以利用手勢短暫進入他人的下一個區域。我經常會使用「你和我」的手勢，也就是讓我的手短暫地朝向他們。當我向某人致謝時，我也可能會指指對方或是攤開手掌致意。我只用肢體而不是整個身體去接近對方。
- **碰觸：**碰觸是一種短暫進入對方親密區域的方式。或許你是站在對方的個人或社交區域，但當你伸手與對方握手時，碰觸他們的胳膊，和他們碰拳，或是輕拍肩膀，你就是在他們的親密區域試水溫了。請記住，碰觸並不是要整個身體進入對方的區域，就只是手或手臂的延伸，這會讓對方感到較為安全。
- **道具：**當你遞給對方一杯水、傳單、遙控器、盤子——任何他們想要或需要的東西——這也是一種暫時進入對方親密區域的簡單方法。在電視節目《創智贏家》中，所有的創業者一開始都是遠離鯊魚幫，待在社交區域中。我和我的團隊花了無數個小時針對節目的四百九十五名選手進行編碼，並發現最成功的選手在過程中，有時會使用非語言橋樑來接近鯊魚幫。他們會提供樣品，讓鯊魚幫參與展示，並且分發產品。有時候跟鯊魚幫意見一致時，他們甚至會跟鯊魚幫擊掌或碰拳。這讓創業者在不構成威脅的情況下，短暫地進入鯊魚幫的親密區域。這招往往能幫助選手交易成功。

原則　高度魅力的人會善用空間來展現及鼓勵拉近親密距離。

◎如何使用空間

- **尊重他人的空間界線**。在你覺得比較舒服的前提下才進一步靠近。
- **試著肩並肩**。想在他人的個人空間或親密空間試試水溫嗎？從肩並肩開始試試吧。

如果直接在他人的親密空間面向對方，可能有點太過了——像不像準備接吻的畫面。對於內向或慢熱的人而言，與對方並肩而坐，藉此進入對方的親密區域可能會更自在。這就是為什麼我喜歡和新朋友一起健行的原因。我發現並肩行走——站在彼此的親密區域或個人區域，但又不必面向對方——有助於加速深入談話。這可能解釋了為什麼人在酒吧與人並肩而坐時，更容易傾訴自己的生活故事，為什麼青少年通常是在車裡對父母敞開心扉聊天，以及為什麼治療師會刻意讓病人躺在沙發上而不是面對面談話，因為這些方式都能減緩親密距離的壓力。

- **使用非語言橋樑緩緩進入他人的內心空間**。例如遞給對方零食或紙筆。

有趣的小技巧

感覺一下

有很多有趣的非語言橋樑方式。如果有人到家裡，你可以遞給他們美味的食物或聞好聞的香氛蠟燭。如果你在煮飯，就請他試吃。如果你穿著柔軟的衣服，邀請他人感受材質。

◎何時不要使用空間

- **不要走得太近太快**。注意邀請線索。小心等待線索。
- **不要把人逼入牆角**。你是否曾注意到，你在和人說話時，對方是背貼著牆壁？你可能就是距離太近了。

● **不要隨便選座位**。無論是在會議、酒吧還是餐廳，都要選擇符合你社交目標的座位。

★ 魅力線索五：目光專注

你能從一個人的眼神判斷情緒嗎？試試看。

一、下列何種描述最能形容圖片人物的想法或感覺？

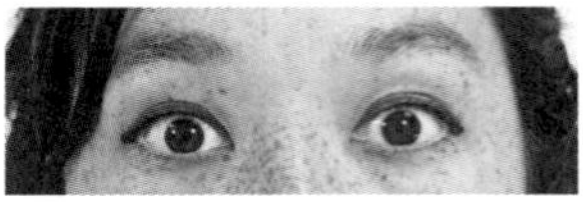

A. 驚喜
B. 害怕
C. 焦慮
D. 壓力

二、下列何種描述最能形容圖片人物的想法或感覺？

A. 憤怒
B. 失望
C. 害怕
D. 困惑

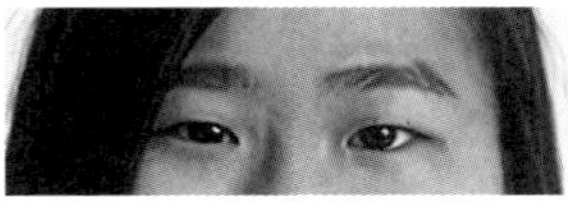

三、下列何種描述最能形容圖片人物的想法或感覺？

A. 無聊
B. 傷心
C. 困惑
D. 輕蔑

你的答案是什麼？[4]

有超過一萬五千人做過這個測驗，大多數人在判斷負面情緒有困難——只有百分之四十二點二的人識別出圖三的輕蔑眼神（大多數人選擇了無聊），只有百分之四十一點三的人識別出圖二的憤怒（大多數人選擇了困惑）。

這是嚴重的誤差！憤怒和困惑是完全不同的情緒，應對方式也有所不同。如果我們把輕蔑誤認為無聊，那就會徹底錯過負面情緒的線索（這也是西米諾夫在《創智贏家》中犯的錯誤）。別擔心，我們將在第六章危險區塊中學習如何正確使用線索。

這是根據眼神讀心測驗（ＲＭＥＴ）所做的實驗。ＲＭＥＴ是由劍橋大學心理學家西蒙・巴倫—科恩博士（Dr. Simon Baron-Cohen, 著名演員薩夏・巴倫—科恩的表弟）創建的。他發現，人類僅僅透過觀察一個人的眼睛就能準確識別出對方的內心狀態。

老話還是有道理的。眼睛是靈魂之窗，或者至少是情緒的窗口。七個月大的嬰兒就能從成年人的眼神中解讀情緒線索。眼睛比臉部其他部位洩露更多的訊息。當研究人員將不同部位的臉部表情貼在一張圖片中時，受試者往往能從眼睛讀出圖片人物的情緒。換句話說，當人們看到憤怒的眼睛配上微笑或中性的嘴巴表情時，他們往往會認為那是一張憤怒的臉。

在新冠疫情期間，閱讀眼睛線索就是一項特別重要的技能。當每個人都戴著口罩時，我們只能用眼睛及其周圍區域來解碼他人情緒。

許多人都聽過，眼神交流是建立關係的重要基礎。的確如此！一項又一項的研究表明，眼神交流是與他人建立信任最重要的方式之一。RMET還提出了另一個重要的關鍵原因：**眼神交流能幫你解讀情緒**。

你會發現，這個線索是關於目光凝視，但不是眼神交流。那是因為我們看著他人時，我們不是只看眼睛。許多人都沒有意識到，當我們凝視著某人時，實際上是動用了整個臉部表情。在RMET實驗中，眼睛周圍的肌肉及區域和眼睛本身一樣重要。研究人員表示：「當我們在看一張臉時，目光會迅速掃過眼睛、鼻子、嘴巴、下巴和前額，進而在腦海中拼湊出整張臉。」

看一個人要從眼睛線索去判斷情緒。以下是重點：

- **平行線：皺眉**是指因為眉毛下拉而形成的兩條平行線。如果你看到某人的眉毛之間出現兩條平行線，通常是生氣或惱怒的初期跡象。

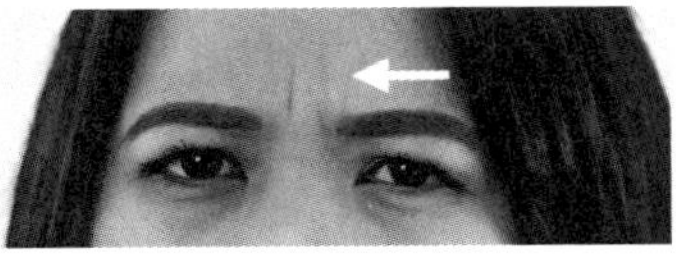

註4：答案：1. A；2. A；3. D。

- **眼角皺紋：**你可能會很意外，眼角的皺紋（又稱魚尾紋）是一個人幸福的象徵。當你看到眼角皺紋的特徵時，對方是處於投入且積極的狀態。
- **眼皮下垂：**難過的時候，我們會耷拉著眼皮，甚至低頭看地上。注意眼睛是否突然耷拉，特別是有沒有低頭看地上。這是悲傷的初期跡象（如果伴隨著打哈欠，有時是表示疲勞。）。

眼神交流還有另一個重要原因：**催產素**。每次的對視都會產生一種重要的荷爾蒙，叫做催產素。催產素對人體有許多不可思議的影響——有助於產生親密感，建立信任。但其重要影響卻鮮為人知。**催產素讓我們能更好的進行解碼**。眼神交流不僅有助於溝通，還能幫助你更好的發現和解讀他人的線索。研究人員甚至發現，給受試者提供一種富含催產素的鼻噴霧劑，他們在RMET實驗中表現得更好！

相互凝視還有一個令人驚訝的好處：幫助同步大腦活動。研究人員使用腦部掃描來觀察受試者互動時的神經活動。他們發現，相互凝視的次數越多，受試者的腦電波就越趨近同步。想要別人步調和你一致嗎？

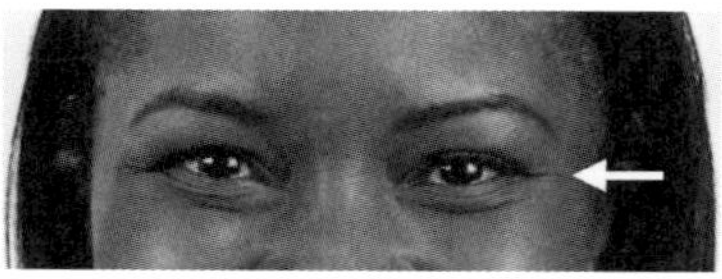

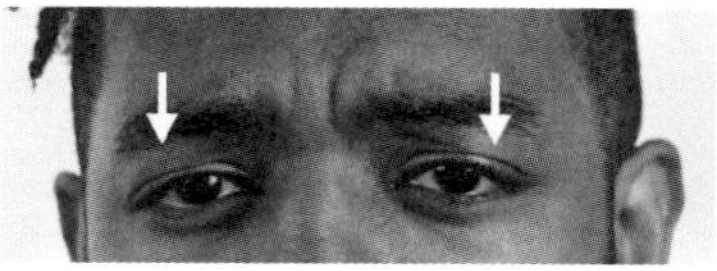

凝視對方有助於精神上的同步。這就是為什麼嬰兒從出生起就喜歡看那些和他們相互凝視的面孔。對四個月大的嬰兒而言，比起看到別人看著他處，當他們接收到直視的眼神時，大腦會表現出更多的神經活動。

有趣的小技巧

目光方向

你有沒有注意到，許多領導者使用的照片都是抬頭向右看。研究人員發現，在西方文化中，向上看和向右看與積極的特徵有關，比如樂觀、期待未來和成功。想看起來更像個英雄人物嗎？讓你的照片目光落在右上方。

目光是注意力線索。我們會注意看某人在關注什麼人或什麼事，他們有在看我們嗎？很好，這讓我們覺得自己有一定的重要性。在對話中，我們會注意目光方向，判斷輪到誰發言。

我們也會透過他人的目光來尋到自己應該關注哪裡。我和團隊成員發現，在網站上

添加目光線索，有助於用戶找到方向。例如，圖片中的目光向下時，網站的瀏覽者會變相受到鼓勵，往下滾動頁面，繼續閱讀尋找答案。

幾年前，我們在網站上提供關於如何變得受歡迎的免費資源下載，以為會吸引許多人下載，但前幾週的下載量並不如預期，讓人很失望。後來有個學生說，他們根本沒注意到網站上

有新資源！於是我們加上圖片，圖片上的人物邊看邊指向新產品。這招奏效了。這種目光會提供線索，引導使用者注意到旁邊的新產品。

原則

目光中不失目的。

這意味著你無時無刻要跟每一個人進行眼神交流嗎？當然不是。我只希望你的目光中不失目的。

◎如何凝視

- **目光專注：**不能只盯著看，你要搜尋。尋找能讓眼神交流有方向和目的的情緒。當你在與別人說話時，尋找對方臉上透露的線索，觀察他們的感覺和想法。這需要具備高度能力。
- **讓目光產生催產素：**避免死氣沉沉的眼神交流。相反地，請試著尋找目光鎖定之處。這是你和對方注視的時刻，而且可以很簡短！當彼此意見相同時，或雙方同時大笑時，或當你密切注意時，都可以看著對方的眼睛。這是製造催產素及減少目光交流壓力的好方法。幾次完美時機的眼神對視就能帶來你所需要的催產素。這也是增加熱情的好方法。

◎何時不要凝視

- 眼神交流的適當程度會因文化差異而有所不同。任何人都會因凝視時產生的催產素而受益，並且利用眼神交流解碼行為，但是眼神交流的合適程度會因文化而異。注意對方的邀請線索和等待線索，確保你的眼神交流恰到好處。
- 注意，別緊盯著別人看！這很嚇人的。注意等待線索，比如阻隔、自我安撫或距離。
- 你在和過度分享的人打交道嗎？強勢的同事？老愛打斷你說話的人？你可以不與對方進行眼神交流，巧妙地讓對方安靜下來。

★用肢體語言引導

我們剛看過了五大魅力線索（以及許多小線索），這些非語言線索可以用來表達熱情，也能用來表達能力。記得要身體前傾、敞開身體、正面面對、善用空間以及有目的地凝視。

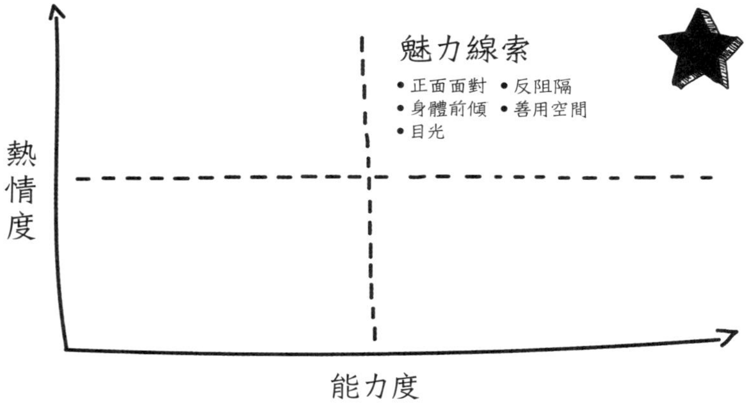

埃塞爾醫生利用這五大線索與患者建立起真正的關係。

埃塞爾醫生說：「我喜歡和患者家屬建立關係。我努力確保我的觀點和姿勢是正確的。這條路我和他們一起走，我就走在他們旁邊。我想知道他們在醫院裡面和醫院外面是怎樣的人。」

他會以非語言和語言的雙重方式表達個人觀點。埃塞爾醫生解釋說：「與家屬建立關係時，我的姿勢很重要。我必須與他們的視線水平一致，而不是居高臨下俯視著他們。」

他希望患者家屬知道一件事：「我是在這裡服務你們、幫助你們的。」當埃塞爾醫生敞開肢體，這在無形中也鼓勵患者打開心房。當他面對患者，他會與病患保持相同高度，病人就會覺得雙方處在相同位置。埃塞爾醫生會盡其所能，而患者也能得到他們需要的幫助。

真正有魅力的領導者在每一次的互動中都會善用線索，幫助自己與身邊的人進行有效交流。

本章任務

嘗試去感受每一種非語言線索是很重要的。你可以利用以下的線索表追蹤學習感受。本書最後會附上一張完全空白的線索表。

解碼欄是記錄你發現線索的時刻。在學習新線索時，我發現在親身嘗試之前先觀察是一件很有趣的事情。

編碼欄是讓你挑戰自己，試著在生活中找到線索。每次你在嘗試新線索時，請記下日期，並至少在三個不同的時間、不同的場景試著去感受，這有助於判斷這條線索是否真正適合你。

內化欄是讓你反思特定線索帶給你和他人的感受。你有信心使用它嗎？你需要做些什麼嗎？這是一個很好的自我檢查方式。在填寫之前，以下內容供你參考。

線索表是追蹤每個線索及其可能用途的好方法，幫助你實現你的魅力目標。

線索	解碼	編碼	內化
正面面對	有沒有注意到誰完全面對你？誰沒有？	試著正面面對今天與你交談的每一個人。	他人正面面對你時，你有什麼感覺？你正面面對他人時，又有什麼感覺？
反阻隔	有沒有人經常以雙臂交叉或抱著電腦的方式形成與你的阻隔？	今天試著用敞開的身體語言跟每個人說話。	有人試圖跟你形成阻隔時，感覺如何？當你有目的性地移除阻隔時，感覺有沒有好一點？
身體前傾	在你分享時，有誰身體向前傾？	當你同意某人的觀點時，嘗試利用身體前傾來表示。	你喜歡他人身體傾向你的感覺嗎？
善用空間	注意你生命中最重要的五個人是如何利用空間？他們使用了哪些空間泡泡？	你如何使用空間來表示意圖？下次坐在會議桌前試試看？	你的個人空間有何偏好？你傾向使用哪種空間距離？
目光	你有認識誰會把目光鎖定在你身上嗎？感覺如何？	試著將目光鎖定在某人身上。感覺如何？	你能自在的與人眼神交流嗎？這或許能解釋你在魅力量表的落點。

CHAPTER 4 令人驚豔的元素

一九五三年九月，兩名男子用了兩天時間提出一份改變世界的方案，畫出了日後世界上最歡樂的地方。在他們的提案中，華特．迪士尼（Walt Disney）和赫伯．萊曼（Herb Ryman）寫道：「這是一場偉大的冒險，是遊客將會看到的迪士尼樂園。」近七十年後，迪士尼的單日遊客量約為五萬一千人。目前全世界共有十二座迪士尼樂園。

迪士尼最初的目標是為人們帶來歡樂，這條基本經營原則至今依然存在。迪士尼稱之為「驚喜因素」。

讓遊客驚喜並不僅僅是做到高期待標準，更是要超越期待。迪士尼樂園的每一位員工都奉行一條準則：以VIP——非常重要、非常個人——的標準迎接每一位遊客。

他們是如何做到這一點？不僅是靠全方位「我能幫忙」的態度，還要運用一套特定的非語言行為。是的，就是如此。從門房到公主，迪士尼大學對每一位員工在與遊客交流時所使用的特定非語言線索都有要求。這一切都是為了讓遊客感受到高度熱情。

這些熱情線索看似微小，但其中融入了迪士尼的本質，是遊客體驗「驚喜」的重要環節。「服務品質正是建立在一個又一個的小驚喜之上，或許許多驚喜在當下看起來微不足道，但如果這些小驚喜能不斷地傳遞出去，就會累積成一個大驚喜！」在我們的日常互動中，非語言的熱情線索也是如此。

每一個熱情線索都能讓你和每一個人、每一次的交流多一點信任。每一個熱情的時刻都強化了消費者與公司、客戶與銷售人員、管理者與員工之間的連結感。對迪士尼而言，這些小驚喜帶來百分之七十的客戶回流率。這就是神奇之處。

熱情線索會創造出忠誠度。我們容易被製造驚喜的人所吸引。

熱情線索也非常強大，因為它們會產生**光環效應**（halo effect）。如果你熱情且值得信賴，人們對於你的一切就會更加信任——從你的性格到你的辦公室，再到你的服務和風格……甚至是你的口音。

研究人員讓兩組受試者觀看一段帶有口音的大學教授教學影片。一組看到教授在教學過程中使用大量的熱情線索，另一組則觀看相同教授講述相同內容，但未使用熱情線索。最後請受試者根據教授的討喜度、外貌、手勢和口音進行評價。

觀看使用熱情線索影片的受試者認為教授更討人喜歡，這是可預期的，但同時他們也對教授其他方面給予高度評價，認為他更有吸引力、更喜歡他的口音。而沒有看到熱情線索的受試者則認為同一位教授並沒有那麼討喜和有吸引力，甚至覺得他的口音很惱人！熱情線索產生了一種光環效應，讓教授的一切都變得更好。

熱情線索會讓你的一切都令人驚喜，象徵著值得信賴、融入、包容，熱情中帶有一種說不上的感覺，會讓人覺得很親近。利用側頭、點頭、揚眉、微笑、碰觸以及鏡像模仿，都會為你帶來光環效應。

而最棒的部分莫過於：發揮熱情不只能為別人帶來驚喜，也有助於你對自己感到驚喜。

阿姆斯特丹大學的研究人員請受試者觀賞一段短片後，向研究助理描述內容。一半的人是面

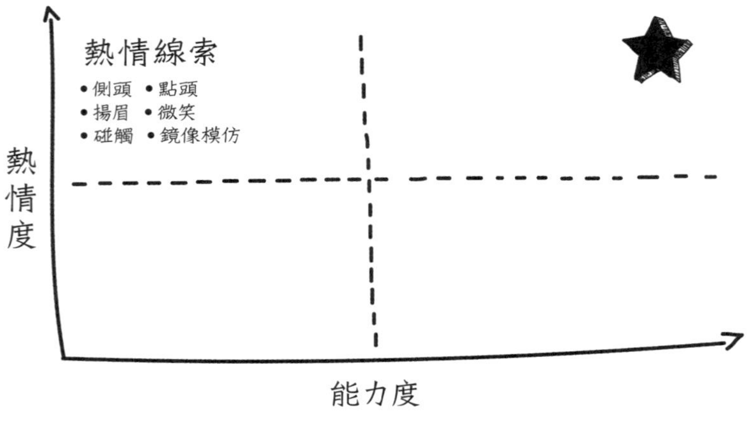

對積極的聆聽者——面帶微笑、點頭，肢體語言也更為開放；另一半的人是面對消極的聆聽者——常皺眉、一臉厭世，頭部也沒有積極反應。

面對積極聆聽者的受試者對影片的描述方式大不相同，而且還對電影的思考更具創造性。他們描述了人物的思想和情感，並且更多地表達了自己對電影深層意義的看法。而面對消極聆聽者的受試者則只關注事實和具體細節。

換句話說，熱情的肢體語言會帶出更深的洞察力、更廣大的思維與創造力。**熱情的聽眾會激發線索循環，並激勵人們去感受更多的驚喜**。冷漠的肢體語言會讓人壓抑想法，思維狹隘，思想更加封閉。

接下來我們一起來看看你現在就可以開始使用的熱情線索。

★ 熱情線索一：計時側頭

假如我問你：「你有沒有聽見？」你會怎麼做？

大部分的人如果想聽清楚某件事，都會把頭歪一側，讓耳朵露出來。正是這個本能反射動作，**側頭線索**表現出興趣與好奇的態度。在對話中頭側一邊的人通常能在短時間內迅速增加討喜度，也增加了他們身上的驚喜因素。

側頭就是很直接地表示「我真的想聽你說什麼」或「哇！這真有趣，多說點」，而且還經常伴隨著口頭「哇」的一聲。

研究人員甚至發現，側頭往往也伴隨著高度的吸引力。為什麼？因為大家都喜歡另一半是一個好的傾聽者（當然，這也能提升自我形象）。

看一下你的檔案照，你的頭部有傾斜嗎？如果你使用約會網站，有多少張照片的頭是略歪的？當研究人員請受試者擺姿勢拍照時，將近四分之三的人們會把頭歪向一側！我們直覺知道這樣表現得更平易近人。

有趣的小技巧

側頭及微笑

你有沒有張嘴微笑加上頭側一邊的照片呢？職業專家分析領英上的檔案照片發現，微微張嘴的笑容加上頭側一邊的照片是最佳選擇。

約翰尼斯・維梅爾（Johannes Vermeer）的名畫《戴珍珠耳環的少女》、古斯塔夫・克林姆特（Gustav Klimt）的《吻》、山德羅・波提且利（Sandro Botticelli）的《維納斯的誕生》有什麼共同之處？沒錯，你猜對了——這些畫中的女主角都是側著頭的。

有一組雄心勃勃的研究人員檢視了從十四世紀到二十世紀的一千四百九十八幅畫作，尋找側頭的線索。他們發現幾乎一半的肖像都是頭側一邊的。

還有更有趣的事。研究人員注意到在某些畫作中頭側一邊的差別。具體來說，**一個人的社會角色會影響側頭的角度**。社會地位越高，傾斜角度越小。這說明了什麼？雖然側著頭是表現熱情最快的方式之一，但也可以作為一種安撫的姿勢及和解行為的表現。為什麼？因為頭部傾斜暴露了我們身體中非常脆弱的部分：頸動脈。這條動脈在脖子的左右兩側，為大腦供血。

把側頭想像成一條加熱毯，它能迅速讓你暖和，但過量會燙傷。這是一個讓冰冷互動迅速升溫的好辦法。

要宣布壞消息嗎？請先把頭側向一邊，表示你在傾聽，你在他們身邊。

有人說過你很冷漠、令人生畏或很難交談嗎？側著頭可以軟化形象，鼓勵人們敞開心扉、暢所欲言。

原則　以側頭表現感興趣、好奇心和撫慰。

◎何時側頭

- 表現出你對話題感興趣、有在聽。
- 有壞消息要說。
- 讓他人感到熱情。
- 鼓勵某人敞開心扉。

◎何時不要側頭

- 如果你想讓自己看起來很強勢。
- 如果你想阻止某人說話。有沒有遇過喋喋不休的人？無法結束的會議？不要歪著頭就對了！
- 如果你已經夠熱情，再側著頭就很難讓人覺得你有能力。要謹慎使用。

★熱情線索二：點頭表示了解

美國職棒大聯盟球員艾力士・羅德里奎茲（Alex Rodriguez），外號「A-Rod」，在大聯盟打了二十二個賽季，共賺了四點四一三億美元。二〇〇七年，他被指控服用興奮劑。

羅德里奎茲在《眼對眼》（*Eye to Eye*）節目中接受凱蒂・庫里克（Katie Couric）採訪時，回答了有關服用類固醇的問題。庫里克問羅德里奎茲：「你是否使用過類固醇、生長激素或其他任何提高成績的藥物？」

「沒有。」羅德里奎茲說。

庫里克繼續追問。「你有沒有想過用這些東西？」

「沒有。」羅德里奎茲說。

聽起來很明確，對吧？再想想。我們一起來解碼他的非語言線索吧。

羅德里奎茲的點頭暴露了真相。堅定地上下點頭是一種非語言表示「是」的線索。說謊者經常把注意力擺在練習口頭表達，卻忘了非語言的動作，這正是發生在羅德里奎茲身上的情況。當被問及服藥問題時，他嘴上說沒有，但身體卻說有。

他的臉上還閃過一抹蔑視的神色，表現出輕蔑或不屑的心態。輕蔑的表現形式為單邊

講者	語言	非語言
庫里克	「你是否使用過類固醇、生長激素或其他任何提高成績的藥物?」	
羅德里奎茲	「沒有。」	點頭肯定。蔑視的微表情。
庫里克	「你有沒有想過用這些東西?」	
羅德里奎茲	「沒有。」	視線往右上方看。搖頭否定。

嘴角揚起。

羅德里奎茲可能是對提出尖銳問題的庫里克感到不屑。這本來是只屬於他自己的感受,但表情出賣了他。正常人都討厭說謊,但說謊者卻不得不用輕蔑態度作為掩飾,因為他們知道說實話會有麻煩。

當庫里克問:「你有沒有想要使用這些東西?」羅德里奎茲抬頭看向右邊,搖了搖頭。這是一種非語言表示「不」的線索。這是真的——他並沒有想要吸毒,而是確實吸毒了。

數年之後,羅德里奎茲坦承服用類固醇。

我們可以從這件事學到什麼?我們經常會在點頭與搖頭之間流露出真實的感受。如果你想掌握自己傳遞出去的訊息,必須先從控制點頭和搖頭開始。點頭表示「是」,代表同意和鼓勵。搖頭表示「不」,代表不同意和阻止。

點頭也是尚未被充分利用的說服手段之一。在九〇年代中期，律師們注意到點頭行為會對案件產生影響。他們觀察到，專家證人經常看向陪審員，看他們是否在點頭表示同意。此外，他們還發現，如果有一名陪審員點頭，這種同意的情緒實際上是會傳染，會影響周圍其他陪審員的意見。

二〇〇九年時，研究人員決定進行一項實驗，測試模擬陪審員的點頭行為是否會對專家的可信度造成影響。研究人員要求某些陪審員在專家發言時點頭。這個小小的非語言線索是否能改變法庭上的觀點呢？答案是肯定的。結果顯示，點頭明顯影響了專家證人是否被相信，以及其他陪審員在多大程度上同意實際證詞內容。**點頭改變了陪審員在庭審中的投票結果**。點頭是達成一致同意的好方法。大多數人都會在會議或人際互動中隱藏或壓抑個人的想法。如果你同意某件事，就表現出來吧。

這是點頭帶來的另一個詭異效果：你的點頭肯定會讓對方多說出……百分之六十七的話。研究人員觀察了公務員面試者，他們發現，當面試官點頭時，面試者講話的時間會增加百分之六十七。

如果你在講電話，或是別人看不到你的肢體語言時怎麼辦？點頭還是有用的。在二〇一五年的一場演講後，一位名叫妮可．塞利格曼（Nicole Seligman）的女士找到了我。塞利格曼是全國家庭暴力熱線的提倡者。她會與正處於創傷或陷於情緒不穩定狀態的來電者交談。她說，他們接受到的訓練就是在傾聽來電者說話時要點頭。她告訴我：「即使電話那一頭的人看不到你在點頭，但卻能讓你說話的聲音和行為模式更具同理心、更溫暖，同時也能藉此鼓勵來電者利用這個安全的空間說出遭遇，幫助他們尋找可用的資源。」點頭的動作為接線員和來電者雙雙帶來溫暖。

堅定的點頭就是一種終極的熱情線索，因為這象徵著共鳴，也會引起共鳴。在他人敞開心扉說話時，你的點頭會鼓勵他們多跨出一步，自己的內心也會更開放。

別只是聽我說。下次另一半告訴你重要的事情時，或是同事談及私事，又或是與朋友深度談話時，試著點點頭。

點頭是驚喜因素的一部分，因為這是表示鼓勵和贊同最快的方式之一。我們都喜歡能鼓勵且認同他人的人。

有趣的小技巧

男性的點頭

男學生曾告訴我，男人有一種難以言喻的點頭習慣：見到認識的人會揚起下巴，這也是一種點頭形式。這是一種非語言的打招呼，意思是「怎麼樣？還好嗎？」如果你遇到一個你不認識的人但又想打招呼的話，你會朝下點頭。這是用非語言的方式表示「尊重」。下次自己試試看：對朋友就揚著點頭，對陌生人就朝下點頭。

★注意速度限制

在使用點頭技巧時有一點要特別注意：速度。最佳的點頭方式是緩慢且經過思考的。緩緩點頭三次是最佳狀態，速度過快會顯得沒耐心。

跟我一起做練習。慢慢地說出以下三組詞，一秒鐘一組，搭配一次點頭：「我聽到你說……我明白你的意思……我明白了。」

你的言語要讓人感到是有同理心、同情心，是和善的。

現在在一秒之內說完這三組詞，邊說邊快速點頭。「我聽到，我知道，我明白。」

這聽起來就是很急促且沒耐心。緩緩點頭像是在告訴對方：「繼續說。我有的是時間慢慢聽你說。」快速的點頭像是在說：「我聽到了，趕緊說完。」

有趣的小技巧

當心點頭娃娃5

研究顯示，女性點頭的次數比男性多。幾年前，我意識到這對我是個問題。我點頭的次數太頻繁，顯得過分熱情，也讓自己看起來像個點頭娃娃，彷彿我對任何事情都只會點頭。如果你也有類似問題，試著用微微歪著頭的方式來取代點頭。這看起來熱情中不失分寸。

原則

用點頭肯定來換取更多的肯定。

◎何時點頭

- **點頭致意**。在走廊上遇到人了嗎？朝對方點點頭、微笑一下吧。出現在團隊的視訊會議上了嗎？點頭揮手打招呼吧。

- **點頭鼓勵**。有人說了你中聽或非常同意的話嗎？點頭表示肯定吧。
- **點頭請求**。需要某人打開心房嗎？想要某人繼續說下去嗎？試著慢慢點頭三次。

◎何時不要點頭

- 為了巧妙表達不同意或不滿，不要點頭。這可以委婉地表明你和某人的想法不同。
- 如果你已經表現出許多熱情線索，不要點頭。或者，如果你已經頻頻點頭，就不要做點頭怪。
- 如果你想讓某人停止說話或你需要某人結束工作，不要點頭。

★熱情線索三：揚眉提高期待

在真人秀《黑暗約會》（*Dating in the Dark Australia*）節目中，參賽者會被隨機分配與陌生人相親……在一片漆黑中相親。參賽者可以交談、觸摸，甚至親熱。他們整個過程

註5：在特定文化中，例如保加利亞、印度和巴基斯坦，點頭文化都有所不同。需先確認文化習慣。

都看不到對方，直到最後一集才能「揭曉」。

在揭祕過程中，參與者分別站在黑暗房間的兩側。一次亮起一個參與者，但當事人不會看到對方看到自己外表後的反應。在屋裡，觀眾可以透過特殊的紅外線攝影機看到兩位參賽者。接著，在節目最後，參賽者會決定節目結束後是否要在一起。

這個節目最棒的地方在於可以看到最自然的肢體語言反應和表情。由於參賽者在約會時看不到對方，他們的非語言線索純粹是出於本能的。

在《黑暗約會》其中一集節目中，羅伯（Rob）和金（Kim）走進了揭祕室，他們這一對非常有發展希望。他們的約會過程美好，也有深入的交談和許多的肢體碰觸。

羅伯是第一個被揭露的。他說：「我太緊張了，全身一直發抖。」然後燈亮了。房間另一邊的金接受了他。她立刻揚起眉毛微笑，接著摀住嘴，再次揚眉。她又不好意思地笑了笑。

羅伯的燈熄滅了。金又一次迅速揚眉。

在短短四秒間，金揚眉了三次。因為她喜歡眼前所看到的……而且還想多看看。

如果你想在互動中表達興奮、好奇和想參與，揚眉就對了。當我們揚眉時，釋放出的訊號就像金一樣，想要看到更多。彷彿是我們要眉毛讓路，以便更好的看清某件事或某個人。正如所有的熱情線索一樣，無論是在工作、社交和約會場合，揚眉都是一個正面的線索，會增加你的驚喜指數。一般來說，揚眉也是表示接受。

研究人員發現，我們也會藉由揚眉來表達交流意圖。這是因為揚眉會讓觀察者更加看清我們目光注視的方向。

簡而言之，**揚眉是一種非語言的捷徑**。是快速表示興趣、好奇和關注的方式。在許多場合中都能把揚眉當作一種捷徑，例如：

- **尋求確認時**。我們可能會揚眉輕問：「這有嗎？」
- **主動傾聽時**。研究人員發現，在談話中，揚眉可以用來表示同意。這在視訊會議中特別有用，在你靜音的同時也能表現參與感。
- **強調觀點時**。當你揚眉，別人會注意到你，也更有可能和你進行眼神交流。這就好像你在用眉毛說：「聽聽這個，這會讓你驚嘆的。」
- **感到驚嘆時**。當我們非常高興時，經常會揚眉。

奈爾．德葛拉司．泰森（Neil deGrasse Tyson）甚至以揚眉來衡量書中的章節內容。在撰寫《宇宙必修課：給大忙人的天文物理學入門攻略》（*Astrophysics for People in a Hurry*）一書時，泰森會在飛機上分享一些事情，並在人們揚眉時做筆記。不出所料，人們的揚眉反應為他提供了非常好的幫助——《宇宙必修課》在二〇一七年五月首次出版時就登上《紐約時報》暢銷書排行榜第一名。

泰森發現，即便是微微抬眉的小動作也能揭露出我們內心的偏好。透過巧妙利用揚眉的技巧，你也可以迅速展示和發現熱情。

但有件事情要注意——這個線索是揚起眉毛，不是揚起眼皮。當我們揚起眼皮露出眼白，這是代表恐懼，是負面線索。要確認你揚眉時是只有揚起眉毛，不是連眼皮都一起動了。也要記得，揚眉是捷徑。你不用做太久。大部分的揚眉都很迅速——不到一秒鐘。如果你一直維持揚眉狀態，看起來就像是受到長期驚嚇——看起來很不妙。

原則 揚眉是快速表示興趣、好奇和關注的方式。

◎何時揚眉

● 鼓勵某人說出想法。你和非常內向的人工作或相處過嗎？內向的人可能不容易說出自己的想法。你可以試試對他們揚眉，鼓勵他們分享。迅速揚眉像是在告訴他們，你希望能聽到他們的想法，而不是要求他們要說出來。

- 利用揚眉來表達你的好奇或感興趣。
- 利用揚眉向你喜歡的人打招呼。

◎何時不要揚眉

- 如果有人惹你生氣，眉毛就保持不動。揚眉只會鼓勵他們繼續正在做的行為。
- 不要太頻繁。你可不想給人留下一直都很驚訝的印象。
- 在日本，揚眉是表示對對方有愛意。因此，如果你在日本，在工作場合要克制好自己的眉毛。

★熱情線索四：微笑

有件事情你一定不意外：當我們微笑時，別人認為我們很熱情的可能性是不笑時的九點七倍。微笑是一個非常純粹的熱情線索。

但可能會讓你感到意外的是，微笑不僅僅意味著熱情或快樂，還能表示參與感。**微笑會讓你更令人難忘**。研究人員以功能性磁振造影觀察受試者，要求他們看著照片記下人物的姓名，有些人物帶著笑容，有些則面無表情。當受試者在回想笑容人物的姓名時，他們大腦的獎勵中心——眶額皮質——變得活躍了。說白了，大腦喜歡微笑的人，會更努力記住他們。微笑讓我們感到驚喜，因為微笑喚醒了我們大腦的獎勵中心，讓我們更容易記住感覺良好的人物和事件。

大腦也喜歡我們微笑。研究人員發現，微笑會增加流向大腦的血液。這是少數能觸發賀爾蒙來活化神經系統的非語言線索之一，讓人感覺良好。這會帶來更多能量，讓你變得更樂觀。簡單來說，微笑可以創造一種內在和外在的驚喜。**微笑有內在的好處，也有社交的利處**。

> 有趣的小技巧
>
> **微笑科學**
>
> 研究人員發現，微笑帶給大腦的獎勵和刺激作用相當於兩千條巧克力棒。

這是不是意味著要你時時刻刻面帶微笑？不是！那很假。而且人家也不會記住假笑。真笑和假笑之間有個非常重要的區別：真正的微笑會一直延伸到一個人的眼睛裡。區分真

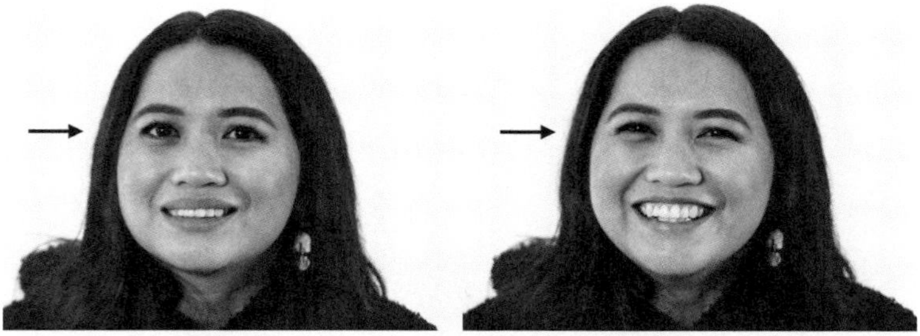

假笑　　真笑

笑和假笑的最佳方式在於：真笑會帶出眼角的皺紋或魚尾紋，如圖所示。

真笑如此重要的原因在於：只有真正的微笑才會對你眼前之人產生影響。唯有對方真誠微笑時，我們自己的微笑肌肉才會有感覺。事實上，研究人員發現，當有人對你微笑時，你很難皺起眉頭。

你的熱情會引發別人的熱情。

這也是為什麼迪士尼要求員工：「在每一次與客人互動和交流時，從開始到結束都要有直接的眼神交流和真誠的微笑。」

注意「真誠」這個詞。即便是在迪士尼樂園這個充滿快樂和魔法的世界中都知道，沒什麼比假笑更糟糕的事了。

在他們的員工手冊上寫道：「微笑、問候和感謝客人等做法都很好，但如果這些行為僅限於機械化的死記硬背，效果就會大打折扣。」唯有在你真正有感覺的時候才微笑。如果可以的話，試著表現笑意。

所謂表現笑意，意指**讓笑容在臉上停留久一點**。研究人員發現，這樣的笑容看起來更有吸引力。具體而言：超過半秒的微笑會讓人覺得你是真的在欣賞某人的存在、想法或故事。

笑意最棒的地方是什麼？一個真正的笑容會帶來歡笑聲，這也是另一個熱情線索。大多數人認為笑聲是幽默線索，代表某件事很有趣。但是與另一個人一起歡笑也是一種建立連結的好方式。

研究人員發現，和他人一同歡笑是建立連結的最佳催化劑之一。這是因為歡笑是一種共享的正面體驗，也會刺激釋放讓人感覺良好的腦內啡。笑聲讓人更開放，也鼓勵人們敞開心扉。

有趣的小技巧

欣賞一切幽默

不要因為要表現自己很有趣而感到有壓力。你可以製造幽默效果固然是好，但如果可以欣賞他人的幽默更棒。時時準備好要笑。把笑當成是一種恭維，是在告訴對方你欣賞他們。

原則

微笑會散播喜悅、創造歡樂……但必須以真誠為前提。

◎何時該笑

- 不要總是微笑，而是要準備好微笑。
- 以一個愉快的微笑開始和結束。當我們第一次見到某人（我們想知道，「你見到我開心嗎？」），以及在結束互動時（我們想知道，「你喜歡我們的相處嗎？」），微笑是最重要的事。
- 如果你看到有人在微笑，看看你是否能加入他們的笑容。
- 搭配微笑。不要關起門來或在別人背後微笑。相反地，和別人一起享受微笑吧。不要只是為某人笑，要和他一起笑。當網路會議室鏡頭一打開，或是與人四目相對時，微笑就對了。

◎何時不該笑

- 如果你已經表現足夠熱情了，把笑容留給重大時刻吧。
- 想表示不同意嗎？想要某人退後嗎？不要笑。

★熱情線索五：信任的碰觸

你有沒有想過，為什麼有些球隊隊友之間有很好的化學反應？

加州大學柏克萊分校的一組研究人員想要找出答案，以科學之名設計了一種觀看籃球比賽的好方法。這組研究人員觀看了二〇〇八至〇九年賽季NBA總決賽的前三場，並計算了球員在鏡頭前的肢體碰觸次數——從拍背到拍屁股，從跳躍觸肩、擊肘和抱頭。**他們發現，相互碰觸次數最多的球隊贏得的比賽場次最多**。

達拉斯獨行俠總碰觸次數為二百五十次，幾乎是邁阿密熱火一百三十四次的兩倍。在這三場比賽中，達拉斯獨行俠隊友之間的擊掌次數多了百分之八十二。

當我們碰觸別人或別人碰觸我們時，身體就會產生化學變化。碰觸會產生強大的化學催產素。正如我們所知，催產素在人體中扮演著複雜的角色，而在互動過程中，會增加信任、熱情和融洽感。**即便是小小的碰觸——擊掌、碰拳或拍拍後背——都會製造催產素，鼓勵信任對方**。

催產素是導致驚喜的化學物質。感覺有一種說不出的溫暖。你有沒有跟某個人一見面就來電的感覺？這就是催產素帶來的感覺。

一項又一項的研究表明，從社交關係到愛情關係再到職業關係，細微的碰觸都能增

加人與人之間的信任。碰觸也被證實能讓人感覺更親近，對觸摸者有更正面的感受，無論那個人是朋友、家人、同事、陌生人，甚至是籃球隊隊友。當你信任隊友時，你會打得更好，傳球次數更多，你相信每個人都在努力做好自己的工作。

催產素還能幫助我們更好地解讀他人。籃球隊的研究人員發現，隊友之間碰觸越多，就越能解讀和預測隊友下一步的行為。

有趣的小技巧

我的祕密武器

我非常、非常熱愛擊掌。工作漂亮完成時，我會跟組員們擊掌。誰說了一個不錯的笑話時，我們也會擊掌。把握任何一個可以擊掌的機會，這是在互動過程中，最快且最容易做到碰觸的方式。

碰觸也能幫你賺到更多錢。研究人員想知道，一個簡單的碰觸是否會改變服務生能拿到多少小費，而且與性別無關。他們發現，輕觸手或手臂的動作會使**女服務生的平均小費**

增加百分之二十三，男服務生的平均小費增加百分之四十。

更有趣的是，碰觸能讓年輕顧客平均多給百分之六十二的小費，但年長的顧客給的小費只增加百分之十五。顯然年輕人更喜歡催產素帶來的刺激！

★要有策略，別讓人發毛

不是所有的碰觸都是一樣的。碰觸是一種非語言線索，因文化而異。一項研究甚至發現，在各方面都密切相關的三個歐洲國家——法國、荷蘭和英國——碰觸的感受還是有所不同。在某些文化中，人們會以親吻臉頰來問候對方；在有些地方則是用鞠躬的方式。在某些文化中，同性友人會在公共場合牽手。在某些文化中，雙腳被視為是不能碰觸的地方，是禁區。

那我們該如何做這件事？用劃分區域的角度來思考碰觸的問題。在西方文化中，手和前臂通常是安全的區域，也是最不親密的地方。在工作場合中，握手和手臂接觸是很好的熱情訊號。對於朋友、家人和其他關係密切的對象，碰觸上臂、肩膀、上背部（拍背）和臉頰（親臉頰）是可以被接受的熱情表現。

在互動時，想想自己和生活中的人平常都有哪些碰觸區域？你的舒適區在哪？觀察他人的邀請線索和耐心線索。如果你碰觸過多、過於頻繁，或是過於親密，你會感受到對方的等待線索。如果你的碰觸是對方歡迎的，你會感受到邀請線索。

有趣的小技巧

騙子不愛碰觸

還需要一個合理碰觸他人的理由嗎？研究發現，騙子與人碰觸的頻率較少。或許是因為他們不想與受騙的對象有連結吧。

如果是視訊電話呢？有時候僅僅是用說的也能帶來溫暖。如果是視訊電話，我常會說**「給你一個虛擬擊掌」**或是**「給你一個小小的虛擬擁抱」**，然後對著鏡頭做出擁抱的動作。雖然無法真正觸碰到對方，但也總能引發笑聲，帶來溫暖的感覺。

假設是在流感季節，或是疫情席捲全球之時，與人面對面但不能碰觸對方呢？埃塞爾醫生說，在新冠疫情期間，因為不方便握手，他和孩子們都是用擊肘（用手肘快速碰觸）的方式打招呼。這個做法往往能引起些許笑聲和幾分感動。埃塞爾醫生還表示，想要建立連結的想法很重要。

「有時我會對他們說，我真的很想跟你握手，但很抱歉現在不能這麼做。不過今天真的很高興能看到你。」埃塞爾醫生解釋說。

他也會利用空中擊掌和空中擁抱的方式。光是碰觸的想法就增加了幾分的溫暖。

原則　透過有目的的碰觸來建立信任。

◎何時該碰觸

- 當你想要帶來溫暖、親密感和信任時。
- 在互動的開始、中間和結尾都要碰觸。不要一開始握手後就沒了，還要在談話過程中擊掌，或是在強調某一重點時觸碰手臂，如果沒有不舒服的感覺，最後就以擁抱結束。

◎何時不該碰觸

- 當你與某人相處感到不舒服或對方跟你在一起感覺不舒服時。如果你察覺到等待線索，慢慢來。

● 要小心帶有輕蔑性的碰觸。我們不喜歡別人拍自己的頭——那是父母才會做的事。

★熱情線索六：鏡像模仿讓你變得有吸引力

當時是凌晨四點，我和丈夫正昏昏沉沉準備去搭飛機。我們半睡半醒，在飯店大廳拖著行李，噔噔噔地走向櫃檯辦理退房。

「早安！」接待人員愉快地說。「真是快樂、快樂的一天啊。」語調歡快的起伏著。我睡眼惺忪地望著她，心想她以為自己是迪士尼公主嗎？凌晨四點，這有點過分了啊。

然後她進入了高速運轉模式。「您入住期間還愉快嗎？希望是如此！希望很快能再次見到您？此次入住有什麼意見嗎？」在我們開口回答之前，她又問：「需要安排人員幫您拿行李嗎？」

「好的，麻煩你了。」我丈夫說。

接著她轉向大廳，大喊著：「喬治？喬——————治！」

「噢，沒關係，謝謝，我們還是自己來就好。」

她給了我們一個老練的微笑，大動作揮手致意，差點打翻我手上紙杯裡的咖啡。我們急忙閃開，抓起包加快腳步往外走。「歡迎再次光臨！」她在我們身後喊道。

「我的老天，」一踏出飯店大門，我丈夫就對我說，「太誇張了！」

讓別人感到驚喜有個很大的迷思。讓某人驚喜不代表你得釋放出最大的能量。讓別人感到驚喜也不是要把對方擊倒在地。（誰會真的想要被擊倒在地呢？）**讓某人驚喜就是跟他們站在同一個地方**。這是一種非語言的尊重，站在他們的角度，而不是強迫他們站在你的角度。

溫暖是讓某人感到受歡迎。對於壓力很大的人來說，這可能意味著要保持冷靜和平靜，又或是為熱情的人帶來興奮感，甚至對需要建議的人表現出思考與同理心。

即使是世界上最快樂的迪士尼樂園也知道溫暖需要「適當」或有節制。如果一位母親在樂園裡找不到孩子，迪士尼的員工就沒有理由一直保持微笑和歡呼，而是應該採取更有幫助、更能觸動當事人的方式：點頭表示理解，傾身向前了解更多訊息，盡可能用能力與效率說話。

埃塞爾醫生在面對患者時也很清楚這一點。有時他在例行檢查遇到患者家屬時，他會保持輕鬆正面的態度——開點小玩笑，多微笑。如果孩子生病了或是診斷困難，為了因應事情的嚴肅性，他會徹底改變自己的非語言行為、活力和語調。

「我會配合患者家屬的反應。如果病房裡的氣氛非常嚴肅、悲傷，我就會特別謹慎，不會一臉興高采烈地走進去。我會試著讓氣氛緩和，並向每個人致意。」埃塞爾醫生解釋道。這種非語言行為稱之為**鏡像**或**模仿**。我們可以用肢體語言和臉部表情進行非語言的鏡像。我們也可以用音量、音調和高音來進行聲音鏡像。我們也可以使用個人詞語進行語言鏡像。

幸運的是，我們已經在互動過程中鏡像了。在第二章中，我曾提過關於線索會如何感染他人——我們經常「捕捉」身旁之人的情緒和非語言行為。研究發現，人們經常在不知不覺中開始同步眨眼頻率、手臂動作、呼吸和身體動作。

★魔鏡

模仿身邊的人有很多很多好處。

首先，**鏡像能讓你賺到更多錢，並讓你感覺良好**。麻省理工學院的研究人員追蹤跳槽到新公司的中層管理人員在薪資談判中的鏡像數量。他們發現，在談判過程中，新聘人員鏡像的內容越多，最後到手的薪水數字也會多百分之二十到三十。以鏡像方式談判，雙方都很愉快！

其次，**鏡像會讓你更討人喜歡、更有說服力**。被鏡像的人——即便他們沒有意識到被鏡像——後來也會對鏡像者有更好的印象。

在一項實驗中，研究人員找了一名演員在街上請路人停下參與研究調查。有一半的時間裡，演員巧妙地模仿了受訪者的非語言行為。一個人的身體傾斜會導致另一個人身體也跟著傾斜。一個人的雙臂交叉也會造成另一個人雙臂交叉。一個人的彎腰姿勢也會帶來另一個人的彎腰。而另一半的時間裡，演員則是正常站立。

研究人員隨後詢問受訪者對調查員的感覺。儘管他們不知道自己被鏡像了，但被鏡像的受訪者表示，他們在情緒上與調查者更親近！

第三，**透過喚醒同理心，鏡像會讓你在情緒上與某人同步**。在一項研究中，受試者觀看一對夫妻爭吵的影片。接著，受試者要猜測這對夫妻的情緒。研究人員發現，受試者的生理機能反應開始與他們的觀察對象同步。接下來是更有趣的事情：受試者的身體動作如果與影片中的夫妻越相似，他們就越能識別出這對夫妻的情緒。這也是另一種的線索循環：發現線索，內化訊息，身體編碼。

成功鏡像還有一點非常重要：鏡像你想要吸引的東西。不要模仿消極的肢體語言，這只會放大它。有效的鏡像是要能匹配，並且強調積極、好奇、參與的肢體語言。這就形成了一個正面的回應循環。他們表現出開放，你也表現出開放；他們捕捉到你的開放性，你也繼續捕捉到他們的開放性。越來越大的開放性就這樣產生了。

請注意：鏡像功能非常強大，因此你只需要微妙鏡像即可。如果你要複製每一個線索，很快就會陷入令人發毛的狀態。重點是要巧妙地模仿——不需要複製每一個動作。

原則 藉由鏡像——匹配積極面，轉換消極面——來了解人們的現狀。

◎何時該鏡像

- 鏡像所有積極的肢體語言，表明你和某人的想法一致。
- 如果你想要鼓勵熱情，就模仿他們的熱情來強調這一點。如果你想激發他們的能力，就鏡像他們的能力線索來強調這件事。

◎何時不該鏡像

- 如果你覺得尷尬或是看到讓你不自在的線索，不要模仿！
- 不要模仿負面線索，以免助長了它。
- 如果你和某人意見不一致且想讓對方知道，那就不要模仿。

● 如果你覺得自己像在玩「我說你做」的遊戲，那表示你模仿過頭了。最好的模仿是微妙的。

★讓你遇見的每個人都有驚喜

走進迪士尼樂園時，迎接你的是真誠的微笑和揮手。當你需要協助時，演員們會點點頭；在你提問時，演員們會側著頭。他們的表現符合你對新地方所期待的熱情。你說這是第一次來，他們會揚起眉毛回應，會跟你的孩子擊掌，而你會想：哇，這會是美好的一天。

迪士尼以熱情開場，然後以非常專業的方式讓你大吃一驚。熱情線索給人留下的第一印象非常重要。我的經驗法則是：**在互動的前三分鐘，表現出三種熱情線索**。

熱情線索可以強調，甚至取代熱情的文字語言。下表是我的小抄：

熱情文字	熱情線索
「太有趣了。」	揚眉
「我同意。」	點頭
「我在聽。」	側頭
「這太興奮了。」	傾身
「我尊重你。」	正面面對
「我信任你。」	碰觸
「我也一樣。」	鏡像模仿

本章任務

讓我們展開線索圖，將熱情線索付諸行動吧。

線索	解碼	編碼	內化
點頭	你有注意到誰對你點頭嗎？你是否會對他們更放得開？	下次面對你想要更放開的對象，試著慢慢點頭三次。	當你和一個不點頭的人在一起，你會不會擔心對方不認同你的想法？
側頭	在下一次與人對話時，試著找出三次頭側一邊的時刻。當時對方是還想聽什麼呢？	下次你要說好消息或壞消息時，試著把頭側一邊。	當別人側著頭對你時，你有何感覺？當你頭側一邊時，是否覺得更放得開？
揚眉	在下一次與人對話時，試著找出三次揚眉的時刻。是什麼觸發對方的行為？	打招呼時試著揚眉。聽到有趣的事情時也試試看。	揚眉時你的感覺如何？試著快速做一次，然後再慢慢做一次。找到理想的速度。

線索	解碼	編碼	內化
微笑	看看你是否能在互動中察覺假笑。試著找出你得不到真笑的原因。	在接下來幾週，試著不要假笑。只有在你真正想笑的時候才笑。	真笑的時候是否會讓你感到更真實？你是否想要擁有更多能讓你真笑的理由？
碰觸	想想三個你最常見的人。他們有什麼觸碰方式？	你的觸碰方式為何？	什麼樣的碰觸會讓你不舒服？當別人碰你時，不舒服的原因為何？設定界線。
鏡像模仿	誰最常學你？誰最少學你？	試著鏡像模仿你喜歡的對象。試著鏡像模仿你不喜歡的對象。感覺有何差別？	鏡像模仿是否會讓你感覺與他人同步？還是會變成一種干擾？只有在你覺得舒服時才用這招。

CHAPTER 5 如何讓自己看起來更有力量

理查・米爾豪斯・尼克森（Richard M. Nixon）經歷了一連串的厄運。在與約翰・費茲傑拉爾德・甘迺迪（John F. Kennedy）進行美國歷史上首次總統大選電視辯論的前幾週，尼克森的膝蓋撞上了車門，最後還進了醫院。幾週後，他出現在眾人面前時，整個人瘦了二十磅，還因為得了流感變得虛弱無力。

一九六〇年九月二十六號星期一那天，尼克森頂著低燒，膝蓋纏繞著繃帶出現在電視台。下車時，他再次撞到受傷的膝蓋，傷勢變得更加嚴重。

對尼克森而言，倒霉的事還不僅於此，接下來一整晚，事情的發展每況愈下。事實上，他在辯論過程中的表現改變了整個選舉，而這一切都歸因於他表現出的負面線索。

首先，我們看到兩位候選人分別坐在主持人霍華德・金斯伯里・史密斯（Howard K.

jfklibrary.org

Smith）的兩側。從非語言行為的表現上來看，兩人的表現有天壤之別。

1. 跑步之腳：首先，看看兩位是如何擺放雙腳。甘迺迪是一種非常放鬆的坐姿、雙腿交叉，尼克森則擺出了一種叫做**跑步之腳**的線索。這是指人們將一隻腳縮在後面，彷彿準備要在跑道上進行衝刺——經常會在起跑點看到的起跑姿勢。這是代表沒耐心的線索。想像一下，如果你在電視畫面上讓選民感覺你準備要跑走，你是在向選民釋放出什麼訊息呢？現在我們知道，當時尼克森可能是因為要保護受傷的膝蓋才會處於這種坐姿。但在接下來的辯論過程裡，他都一直保持著這種容易讓人分心的姿勢。在這種情況下，最理想的狀態是要放鬆，雙腳朝向觀眾……像甘迺迪那樣。

甘迺迪的平靜坐姿讓他看起來可靠、堅定和自信。

2. 白色指關節：接下看看兩位候選人的手部位置。甘迺迪平靜地將雙手交叉放在膝蓋上，尼克森則是一手抓著椅子扶手，看起來像握拳狀，這是個非常直接的焦慮線索。乍看之下，尼克森像是拚命抓著扶手。這是因為當我們處在高度焦慮又試圖保持鎮定時，緊握的手會導致**指關節變白**。一個人非常生氣時也會緊握拳頭，試圖控制情緒。這是一種在不改變整體外在的前提下，又以外在方式將注意力聚焦在內心情緒，而且通常是無意識的。這個白色指關節的線索讓尼克森看起來既焦慮又憤怒。

3. 自我安撫：尼克森的右手放在大腿上。這個線索本身並不負面；事實上，讓人看到手部放鬆是個正面表現。然而，在這場辯論中，尼克森不斷摩擦大腿上部，做出一種**自我安撫的動作**。緊張的時候，我們會試圖藉由自我碰觸讓自己平靜下來。我們用身體告訴身體，一切都會好起來。可能是搓著手，搓脖子後面，或是像尼克森那樣用手掌摩擦著大腿或胳膊。這個線索不禁分散了聽眾的注意力，還讓尼克森看起來很緊張。

你知道還有什麼時候我們會用手摩擦大腿嗎？掌心冒汗的時候！不管他的手掌濕不濕，看起來都像是用褲子在擦手。看起來很噁心……也不太像個總統樣。

而這一切都只發生在一開始的一點二秒內……候選人都還沒開口說話。

4. 目光方向：然後，在辯論開始的前兩秒鐘，事情變得更糟了。尼克森在非語言表現上犯了一個巨大的錯誤：他看向了自己的右邊。聽起來沒什麼大不了的，對吧？從非語言的角度來看，這是魅力的死亡之吻。還記得目光對於建立信任和關注有多麼重要嗎？當尼克森把目光從鏡頭（和我們）上移開時，我們對他立刻就沒了信任。更糟糕的是，當尼克森往右看時，我們也跟著他的目光移動——直接看著甘迺迪！尼克森基本上就是用一種無聲的方式告訴大家：「別看我，看我的對手。」

這個姿勢維持了十一秒！然後，在辯論過程中，他的視線不斷地在鏡頭、甘迺迪、主持人和

jfklibrary.org

觀眾席上的記者之間來回切換。當時，尼克森有個外號叫「狡猾政客」，而他詭祕的眼神也在無意間強化了他詭祕的名聲。

而他的對手甘迺迪選擇直視鏡頭。

5. 輕蔑表達：在某個時間點，主持人史密斯介紹了尼克森，當時一個特寫鏡頭對準了他的臉部。我們很快看到了一些線索——首先是頭部的迅速動作。尼克森先是左右擺動著腦袋，然後上下點頭，接著露出輕蔑的微表情——歪著嘴。這種負面的線索意味著蔑視、輕蔑和悲觀。

接著鏡頭轉向甘迺迪。甘迺迪直視前方，表情平靜，向觀眾緩慢而不失肯定的點了點頭。兩人之間的差異再明顯不過了。

在接下來的五十八分鐘裡，甘迺迪看起來越來越像個贏家。冷靜、自信、有安全感——這些都是你對領導者的期待。而尼克森則是編碼著一個又一個削弱他可信度的線索。在這場辯論之前，尼克森的民調一直很高，但他在辯論中的表現改變了整個選舉。後來尼克森記取教訓，修正了他身上的非語言線索，並在接下來的辯論中表現異常出色。但這已經不重要了。那天晚上的表現還是讓他輸掉了選舉。

六週後，甘迺迪以百分之四十九點七對百分之四十九點五的差距贏得普選。研究顯示，超過一半的選民受到首場辯論的影響，百分之六的人表示，辯論表現就是投票的唯一決定因素。

尼克森不是一個糟糕的候選人，只是在那一晚，他沒有釋放出好的非語言訊號。尼克森後來在回憶錄中承認：「我應該記住『一幅畫勝過千言萬語』這句話。」

這兩個男人都很有實力，但只有一位看起來是如此。

我們能從這場辯論中學到什麼？實力的模樣。甘迺迪熟練地運用了魅力量表中的許多能力線索，創造出一種強而有力、令人難忘的形象，一路把他帶到了總統寶座的位子上。現在輪到你學習如何利用這些線索來提升你的能力了。

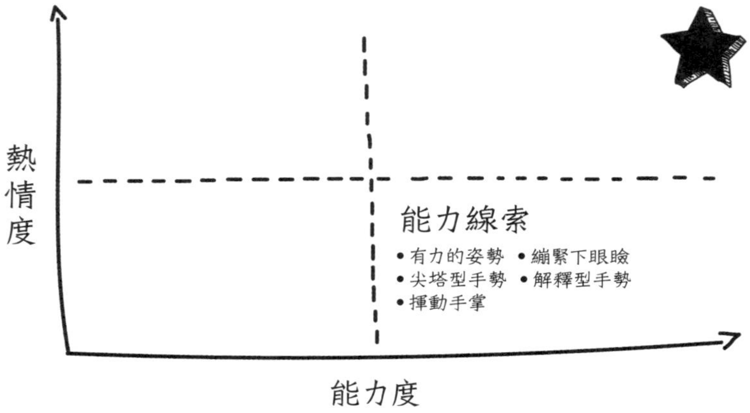

★力量線索一：有力的姿勢

我們來做個姿勢診斷吧！可以請你站起來嗎？請你像面對熟悉的工作夥伴那樣站著，如果可以的話，找兩支筆，一手拿一支（我稍後會解釋原因），並將手臂垂在身體兩側。現在，我們來看看你的姿勢中最重要的三個部分。

1. **肩膀。**放輕鬆，在肩膀和耳垂之間拉開一點距離。我知道這聽起來很奇怪，但焦慮會導致肩膀緊繃，以此來保護脖子，還會「龜縮」著頭。想立刻變得更有自信嗎？抬起頭，放下肩膀。

2. **雙腳。**你的雙腳是緊緊併攏？還是腳距比臀部還寬？把腳打開，腳距比平常寬三英吋（七點六公分）。只要雙腳打開、踏穩地面，無論你是站著還是坐著，都會立刻感到更踏實。如果你翹著二郎腿也沒關係。看看甘迺迪，一腳穩穩踩在地上，另一隻腳放鬆。可以的話，將腳尖朝向跟你在一起的人。

3. **雙手。**先放輕鬆，在手臂和身體軀幹之間留出一點空間。現在，看看你手中的筆，你是緊緊握著嗎？放鬆你的手，別讓握筆變成了**握拳**。

接下來，假設從你手中的筆能射出雷射光，這兩道雷射光會交會嗎？從肩膀開始轉動你的手臂，將筆指向前方，讓雷射光與臀部平行。這時你的肩膀位置只稍稍移動了三到五公分，但會立刻讓你看起來（和感覺上）更有力量。有自信的時候，肩膀會向後捲，手臂輕鬆擺放在身體兩側。這是我們對外界表示開放的姿勢與訊號。

這是身體姿勢的三大部位，非常重要。你的姿勢是向別人傳遞自信最重要的訊號。

我們喜歡和自信的人在一起，因為我們想要分享這種自信，也為自己借一點自信！二〇一六年的一項研究追蹤了一百四十四次的快速約會，發現展開身體姿勢是最具浪漫吸引力的特徵。**佔用更多空間的參與者被選為未來約會對象的可能性高出百分之七十六**。

有力的姿勢不僅對你感覺自信很重要，對你實際的自信也一樣重要。

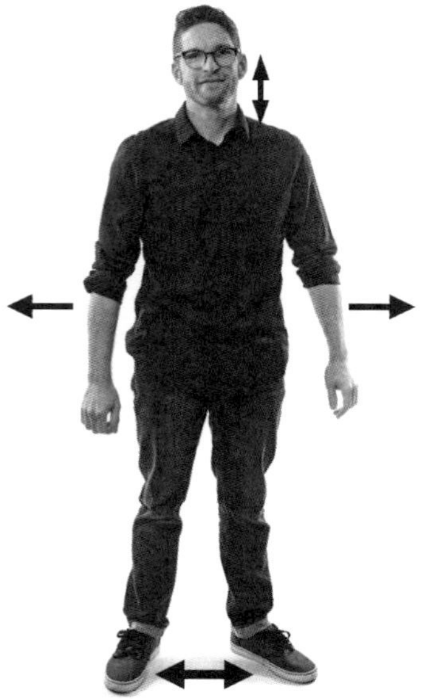

有個簡單的規則：你覺得越強大時，佔據的空間就越大，看起來也就更強大。一個人有自信時，佔據空間變得很自然，被別人注意到的時候也會更舒服。

當我們感到無力或焦慮時，佔用的空間較少，也就不太容易被注意到，也不太可能成為潛在威脅的目標。為了保護自己，不要暴露脆弱部位，我們會聳起肩膀，將手臂貼在身體兩側。

有一項研究讓受試者以收緊身體或敞開身體的姿勢坐著，同時寫下自己正面或負面的特徵。處於敞開身體坐姿的受試者對自己所寫的內容更加確定——無論是正面還是負面的。他們還發現，處於收緊身體坐姿的受試者表示，相比於敞開身體的受試者，他們感到壓力更大。**敞開的姿勢會讓你看起來和感覺上都更有力量**。

有趣的小技巧

設備尺寸問題

我們使用電腦或低頭看手機的姿勢正好與有力的姿勢背道而馳。研究人員發現，使用大螢幕會比使用小螢幕更能激發自信。如果可能的話，考慮使用外接螢幕。

這意味著你走到每個地方都要有洛基的氣勢嗎？還是在社交場合中要像個超人一樣？拜託，千萬不要！

最好的姿勢調整動作不用大——移動幾公分就行了。小小的改變會產生巨大的變化，為他人和自己帶來更多的自信。

原則

利用自信的姿勢激發自信。

◎何時使用有力姿勢

- 當你想要讓自己看起來及感覺上都更有能力的時候，簡單的調整姿勢即可。放下肩膀，讓手遠離身體，腳稍微站開點。
- 看手機的時候！我們在看手機時，身體往往會呈現蜷縮緊繃的狀態。記得要轉動身體，讓肩膀伸展開來，以此保持有力的姿勢。
- 展開身體的另一個簡單方式就是依靠在某些東西旁。在感覺自在的情況下，你可以讓身體前傾倚著桌子，手臂搭在椅子上，或是靠在旁邊的高桌旁。
- 選擇適合的椅子——無論是在開會、社交活動或工作晚宴上。我喜歡帶扶手的椅子，比較容易在身體軀幹和手臂之間留出空間。但要注意，別佔到別人的空間，這帶有某種程度上的社交攻擊性。

◎何時不要使用有力姿勢

- 如果你想表示尊重、謙卑或遺憾，或是向某人道歉時。
- 如果你想讓某人冷靜下來，或讓對方知道你不會構成威脅。曾經有一位社工告訴我，如果有人站著吼你，你就坐下，這會立刻減少你使用的空間，表示你不想發生衝突，同時也鼓勵對方找個座位坐下休息片刻。
- 如果你不想被注意到。我知道你不會毫無準備就去開會（眨眼），但如果有那麼一天，少佔點空間比較不會被注意到。

★力量線索二：看到一切，無所不知

巨石強森、布雷克·謝爾頓（Blake Shelton）、約翰·傳奇（John Legend）有什麼共同之處呢？

他們都被《人物》雜誌評選為「最性感的男人」。這本備受高度期待的雜誌發佈了世界上五十名最性感的男人名單。

我以科學研究的名義拿起這本雜誌，翻閱了一遍。我很快就注意到，幾乎每一頁都有特定的非語言線索。

猜猜這些性感的男人都做了什麼？

除了弓起二頭肌，他們的下眼瞼也很強硬。

強硬的下眼瞼亦被稱為「堅硬的眼睛」、「鋼鐵的眼睛」或「瞇起的眼睛」。這種彎曲的眼瞼線索傳遞著一種強度、判斷和仔細的訊號——是一種「看著我，我很有深度、有思想」的凝視。泰拉．班克斯（Tyra Banks）稱之為「用眼睛微笑」（smize）。

這是一個有趣的線索，既非正面也非負面，而是象徵特定情緒的訊號：強度。

當我們想更清楚看到某件事，就會瞇起眼睛，繃緊下眼瞼。這背後有個有趣的生物學原因[6]。我們睜大眼睛時，當下的情緒可能是恐懼或驚訝，以此看到更多東西。害怕的時候，我們想盡可能掌握周遭的一切訊息，評估潛在威脅或逃跑路線，於是會瞇起眼睛、阻擋光線，以此看到更多細節。

現在請試試看。看看你有沒有辦法在附近的牆壁上找到斑點。努力找。你想看到更多東西時，下眼瞼有沒有緊繃的感覺？有沒有覺得自己很像《名模大間諜》（*Zoolander*）中的招牌鋼鐵表情？那你就做對了。

這是我最喜歡的線索之一，因為很容易察覺（也常被忽略）。當你看到有人繃緊了下眼瞼，代表對方試圖進一步理解。

在社交場合中，如果對方繃緊下眼瞼，代表他們可能真的想要更好的認識你。就好像在說：「我真的想好好看清你。」

在戀愛情況下，這代表強烈的興趣，這就是為什麼這種線索經常出現在男主角的性感照片上。

在商業場合中，我們喜歡看到人們專注而堅定，而繃緊的眼瞼正代表強大的洞察力和深度思考。

然而，繃緊的下眼瞼也可能很快就從強烈的興趣轉變成困惑，然後再變成懷疑。我會一直觀察別人的下眼瞼是否緊繃，看看對方是否對我所說的話感到疑惑，這樣我就可以很

註6：威爾·法洛（Will Ferrell）和班·史提勒（Ben Stiller）是從皮爾斯·布洛斯南（Pierce Brosna）那兒得到電影《名模大間諜》中招牌鋼鐵表情的靈感。眾所周知，布洛斯南曾在走紅毯時下眼瞼緊緊繃著。

快打消對方的疑慮。

眼皮突然一緊代表某人從單純的傾聽變成了仔細觀察。

這個線索代表你要暫停一下。發現對方眼皮緊繃嗎？試試看：

- 發問。說：「到目前為止有問題嗎？」
- 用另一個方式重複剛才你說的觀點。
- 用故事或舉例來說明你的觀點。
- 快速檢查。問：「都還好嗎？」

演講者最常犯的錯誤就是顧著編碼自己的線索，卻忘了解碼聽眾身上的線索。他們忙著展示能力、熱情和自信的線索，卻忘了看看內容是否能引起共鳴，是否能讓別人感到能力、熱情和自信。即便是最完美的簡報也會被精明的合作者仔細檢查。準備好接受審查吧！

有一次，我對幾位主管做一場關於領導科學的演講。一切都進行得很順利，有笑聲，也有突然開竅的驚嘆聲。但是當我開始提到催產素是一種人與人之間連結的化學物質時，我注意到執行總裁繃緊了下眼瞼好幾次。因為現場人不多，我暫停下來，直接看著他，問：「葛雷格，你理解這個線索嗎？你看起來好像不太確定。」

他瞬間鬆了一口氣，說他確實很困惑——他唯一一次聽過催產素是醫生要幫他老婆催生的時候！

全場瞬間哄堂大笑。然後我解釋說：「沒錯！但在社交場合中，我們只需要一點點，就能讓人感到熱情、暖暖的。催產素是一種複雜的化學物質，但也是人與人建立連結的基本要素。正如文字表面所示，從出生那一刻就開始用上了。」

這是一個很好的學習點。首先，執行總裁感受到我迅速解決了他的疑惑。後來他多次邀請我為公司不同級別的員工做培訓。

其次，這對我也是一個很棒的學習機會。現在我只要提到催產素，我一開始一定會先說：「催產素是一種複雜的化學物質，對身體會產生許多影響。但基於學習的目的，我們要知道……」我變成了一個更好的老師，因為我學到了在學生產生困惑之前先解決問題的辦法。

原則

繃緊下眼瞼代表沉思、懷疑和審視——做好準備面對吧！

◎何時該綳緊下眼瞼

- 當你想要讓某人感受到你高度關注、用心傾聽時。
- 如果你不想被打斷，綳緊下眼瞼，表示你正全神貫注地工作。
- 當你感到懷疑，希望對方能拓展說明觀點時。
- 請原諒我接下來要說的這一點：如果你希望讓別人覺得你有登上《人物》雜誌的氣質，試試這個線索吧。很多人都覺得這樣看起來很有吸引力。（此建議只適用於最有自信的人。如果你覺得這樣很傻，那千萬別做！）

◎何時不要綳緊下眼瞼

- 超過五秒鐘。這只會讓別人覺得你眼睛裡有東西。這種緊綳感只是一瞬間，不需要一直保持。
- 如果某人真的很無聊還講個不停，你綳緊下眼瞼只會讓對方覺得你還想聽。

★力量線索三：聰明人的尖塔

德國前總理安格拉·梅克爾（Angela Merkel）這麼做，法國總統艾曼紐·馬克宏

（Emmanuel Macron）這麼做，英國前首相德蕾莎・梅伊（Theresa May）也這麼做。這些強大的領導者都做了什麼事?**尖塔型手勢**。

尖塔型手勢是指雙手掌心相對，輕輕將指尖搭在一起，看起來像教堂的尖塔。尖塔型手勢是一種自信的普遍表現。

在一項研究中，研究人員讓受試者觀察同一個領導人使用七種不同手勢的照片。在這七種選擇中，尖塔型手勢被選為最正面的手勢之一。這是因為尖塔型手勢結合了一切強大的線索：

- **表示我們很放鬆**。焦慮時，我們傾向握緊拳頭。只有當雙手很舒服、很放鬆時，才能搭出尖塔，向別人暗示我們處於平靜狀態。
- **表示自信**。還記得「力量線索一：有力的姿勢」嗎?展開顯示自信。尖塔是我們能做的最大手勢。雙手放在身體前面，手指與手掌張開。尖塔就像是雙手的力量姿勢。
- **讓手掌保持可見狀態**。在潛意識裡，當我們能看到他人手掌時，就會覺得對方對我們無所隱瞞。

尖塔型手勢代表強而有力，可以讓別人相信你所說的承諾和信心。這代表你很放鬆、很開放，而對方也應該如此。

有一項關於醫學院教師的研究，研究人員發現，尖塔型手勢是在教學中一種非常好的補充線索。補充線索是一種非語言訊號，可以用來強調觀點。在下達指令時，尖塔型手勢是一種強而有力的非語言線索，代表：「讓我們來想想、考慮這個新訊息。」以下是一些不錯的補充線索：

- 在傳達壞消息時，頭部微微傾斜。
- 在會議中宣布重要消息時，身體往前傾。
- 以非語言的方式正面面對內向者，鼓勵其暢所欲言。

尖塔型手勢不僅表明你是一個沉思者，也是鼓勵他人傾聽和思考的好線索。在身體前做出尖塔型手勢是在告訴聽眾，是時候思考你的話的好方法。

在《創智贏家》中，尖塔型是凱文．歐利里（Kevin O'Leary）最喜歡的手勢之一。

當他在思考一筆交易，考慮如何組織報價，或是等待反擊某人時，他經常做出尖塔型手勢，就像是在暗示投手他正在認真考慮某些事，對方應該要稍等片刻。這也是一個聰明的訊號，讓其他鯊魚知道他正在認真考慮這筆交易，也應該要注意。尖塔型手勢還有另一個好處，那就是在電視觀眾面前顯得鎮定自如——不管他內心究竟在想什麼。

請注意！

尖塔型手勢也可能變成**邪惡手指**。如果不想讓自己看起來像在密謀什麼邪惡計畫，千萬別敲動搭成尖塔型的手指！這是個算計線索，最好別做。

原則

尖塔型是一種有力的手勢，可表現自信深思的狀態。

◎何時該做尖塔型手勢

- 當你想表現能力、深思熟慮和自信時。

- 表示你認真傾聽、認真思考談話內容，並希望他人也一樣。
- **固定雙手，不要動來動去。**有時候我會請坐立不安的人做出尖塔型手勢，這樣能讓他們的雙手有事可做。單純停止不安很難，用尖塔型手勢來取代不安會容易些。

◎何時不該做尖塔型手勢

- 當你覺得很蠢時。**跟其他線索一樣，試試看，用幾次後，只做讓你覺得自然的事。**
- 不必時刻保持尖塔型手勢。你可以做手勢、做筆記、握手、把手放在其他位置。尖塔型手勢是在突顯你的沉思。

★力量線索四：擅長解釋

瑪莉亞．康尼科娃（Maria Konnikova）已經打撲克打了整整三天。比賽一開始有二百九十名參賽者，經過第一天的十四個小時後，人數減至剩下六十二人。

到第三天時，康尼科娃坐在決賽桌前。她的對手是經驗老道的撲克冠軍亞歷山大．茲金（Alexander Ziskin），對方獲得過兩次職業冠軍，贏得超過一百二十萬美元的獎金。相較之下，康尼科娃打撲克的資歷不到一年，這是她第一次參加比賽。鏡頭緊緊盯著康尼科娃——從沒有一個新手能在短時間內坐上決賽桌。幾次戲劇性的短暫交鋒後，康尼科娃讓對手賭上一切，最後她取得勝利。她贏得比賽，抱回獎金八萬六千四百美元。

康尼科娃不是職業玩家。她從俄羅斯搬到美國，就讀於哈佛大學和哥倫比亞大學，並獲得心理學博士學位。

二〇一七年時，她決定用一年的時間學習打撲克，並將這段經歷寫成一本書。儘管她對撲克所知有限，但她有一個很大的優勢：撲克研究。在開始這段旅程之前，康尼科娃投入了一項鮮為人知的研究，她認為這項研究可以讓她比其他經驗豐富的玩家更有優勢。

在我解釋研究內容之前，我們先來玩一個小小的思想實驗。假設我給你一萬美元讓你看五個人打撲克，你的任務是選出手氣最好的玩家，但你只能選擇觀察一個地方，你會選擇哪裡？

A. **只看頭部：**你只能看到玩家的頭部，頭部以下都看不到。

B. **只看手臂：**你看不到玩家的臉、頭或下半身，但你可以看到他們在遞籌碼和取牌時的手部動作。

C. **全身：**你可以看到玩家的全身。

大部分人都選擇全身（C）——看越多越好，對吧？錯了。研究人員做了這項實驗，發現如果看到玩家的全身，受試者猜對玩家手氣的機率跟隨機猜測差不多。

第二多人選擇的是只看頭部（A）。臉部表情能說明許多事情，對吧？其實並非如此。這個答案出乎意料也是錯的。

康尼科娃解釋說：「當受試者看著臉時，他們判斷正確的機率實際上是比隨機猜中的機率還低。」熟練的撲克玩家非常擅長隱藏臉部情緒和頭部動作。

你的最佳選項是B，只看手臂！

這怎麼可能？雙手能洩漏什麼祕密？事實上，雙手真的有祕密。一名研究人員發現，有自信的玩家掌握著勝利之手，動作流暢，玩得也很順利。

我們可以從康尼科娃身上學到兩個重要線索。首先是動作流暢與準確的重要性。**能力強大且自信的人不會把精力浪費在毫無關係的動作上**，他們的一舉一動都是有目的，不會猶豫，也不會拖延。他們不會愛做不做，而是很清楚自己想要什麼。思緒清楚的人會採取明確行動。研究人員還發現，這種特質在牌桌之外的地方也適用。

我請觀眾觀看尼克森與甘迺迪的辯論影片時，觀眾頻頻指出兩人最大的不同點在於尼克森的動作。他動來動去，坐立不安，浪費精力，這不只分散觀眾的注意力，還讓尼克森看起來優柔寡斷。甘迺迪則是非必要不會有動作，更不會浪費任何一個動作。他的準確性讓他看起來有自信、有目標、有條不紊。

我們從康尼科娃身上學到的第二個線索是：人們低估了對雙手的認識。大家都說眼睛是靈魂之窗，但我認為雙手更能說明問題。能力強大的人本能就知道雙手對於有效溝通的重要性。

我們經常認為能力強大的人是屬於克制情緒、心志堅定、不易讀懂的人，但這並未得到研究證實。

研究人員要求受試者對使用積極手勢（如尖塔型）的領導者照片進行評分，並與不使用手勢的領導者進行比較。他們發現，「受試者認為沒有使用手勢的領導者顯得冷漠，而使用積極手勢的領者者則更直接、更有吸引力」。直接表現被視為是一種關聯、積極和吸引人的特質，是一種即時的社交勝利。相較之下，當領導者把手放在背後或口袋裡，或是將手在胸前交叉時，則被視為更有防禦性和距離感。

從直覺上來看，這是有道理的——雙手幫我們完成事情。我們用手抓東西，用手寫字，用手打造一切。如果雙手不在視線範圍內，明顯就很難採取行動。

有能力的人會用**解釋型手勢**來表現他們的權力和能力。這些非語言線索有助於擴展、解釋和闡述語言訊息。

有趣的小技巧

雙手最誠實

我們的雙手很難用來說謊。舉個例子，你試試大聲喊三，然後手指比五？很困難，對吧？人們喜歡注意手勢，因為從直覺上來說，說真話的人比較會使用手勢。研究人員發現，說謊者更傾向緊握雙手，防止洩漏訊息。說謊者通常不用手勢，因為他們說的話都是基於背誦。

研究人員發現，帶著目的與自信的手勢可以提高聽眾百分之六十的理解度。有些手勢之強大，足以傳遞百分之四百的訊息量！手勢可以傳達事情的重要性、大小、情緒、談話方向和需求。

我和我的團隊觀察了數百小時的TED演講，試圖從當中尋找模式。我們想知道，觀看人數最多和最少的演講之間，是否存在任何非語言上的差異。

我們發現手勢是關鍵。最受歡迎的TED講者整體上使用的手勢較多：在十八分鐘內平均有四百六十五次手勢，而較不受歡迎的講者為二百七十二次。

其次，我們注意到，越受歡迎的講者越會使用解釋型手勢，以此更清楚傳遞訊息。以下是最常見的解釋型手勢，你也可以嘗試使用：

1. **數字：**每次只要一提到數字，他們就會用手勢比劃，以一種非語言的方式強調。
2. **大或小：**我們也注意到，TED的講者會用手勢幫助聽眾了解事情的大小或重要性。如果是小事或沒什麼大不了的，他們就會將指距縮小到兩、三公分來強調事情有多小。如果事情非常重要，他們就會拉開雙手距離，像抱著海灘球一樣。
3. **我和你：**真正有影響力的講者會用手勢幫助聽眾跟上演講內容的節奏。當他們在談論個人觀點或某些個人的事情時，他們的手勢通常會指向自己，有時甚至會摸著心。當他們要鼓勵聽眾或號召大家採取行動時，他們會把手勢指向聽眾。

有趣的小技巧

別指著他人

指向手勢是個非常普遍的非語言線索，而奇怪之處就在於：人們不介意指著別人，但不喜歡被指，感覺像是受到指責和挑釁。你可以指著物體或地點，但避免指著人。如果你想要指向聽眾或特定人士，可以將手掌打開或是按著拇指。

4. 按住大拇指：這是政治人物最喜歡的有力手勢。所謂按住大拇指，是指拳頭成放鬆狀，拇指在上。這也是一種微妙豎起大拇指的手勢，在許多西方國家中代表「好」。如果想指著某人或某事時，這也是一種正面的手勢，避免了直接用手指的情況發生（我們也不喜歡被指）。

5. 他們和我們：這是我們注意到最令人印象深刻的手勢。能力較強的講者會用雙手來指代兩種不同意見或不同群體。例如說到自由黨時，政治人物可能會舉起左手；說到保守黨時，政治人物可能會舉起右手。演講結束前，觀眾只要看講者舉起哪隻手就知道在講誰。他們用非語言的方式，將故事

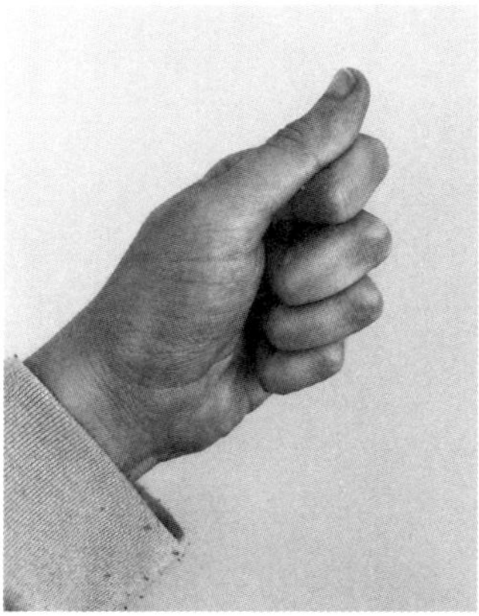

角色帶到聽眾面前，然後慢慢用自己的身體部位賦予角色意義，透過非語言建立捷徑，講者就不必一再重複說同樣的內容。

解釋型手勢代表能力，因為這可以降低講者和聽眾的認知負荷。研究人員蘇珊．戈丁—梅多（Susan Goldin-Meadow）研究手勢的力量幾十年，她發現人們與有手勢動作的人比較容易建立關係，因為手勢有助於追蹤和理解內容。非語言的手勢也增加我們聽到的語言內容的深度。這就是為什麼解釋型手勢是一種高度能力的線索。**你對語言的內容了解越多，你就越容易用手勢表達出來**。

想要當一個好的溝通者嗎？想要把事情解釋得清清楚楚嗎？用兩種方式與人交流吧：**非語言動作和語言表達**。

如果你有個大計畫，那就用雙手讓聽眾知道有多大。如果你有三個想法，開始說第一個時，用手指比一，說第二個想法時比二，說第三個想法時比三。這有助於你把每一點說清楚，以及幫助聽眾追蹤並記住每一點內容。

有趣的小技巧

接下來會很棒

作為講者，「接下來會很棒」是我最喜歡的線索之一。用一種興奮期待的感覺摩擦雙手手掌，是讓聽眾一起跟著興奮的好方法。拿掉眼鏡或是捲起袖子也有同樣效果，表示你準備好要大幹一場了。

手勢也能幫助我們更清楚的表達想法。我們來做個小實驗：大聲地說出你最喜歡的童年回憶……但是要坐著把手放在屁股下。很難，對吧？雙手是想法的出口。手勢用得越多，在解釋和說故事時就越流暢。手勢不僅能幫助聽眾，也能幫助身為講者的你。

有趣的小技巧

指揮

研究人員發現，人類的手勢會與自己的語言保持一致，就像在指揮自己一樣。有沒

> 有見過講者敘事非常流暢時，雙手也會有微微的節奏動作？這就是**節拍手勢**。節拍或「指揮型」動作是一種簡單、快速的手部動作，無論說話內容為何都可以重複做（不像解釋型手勢是用於搭配或強調口語陳述內容）。

當研究人員分析說故事者的行為模式時，發現觀察對象在敘事過程中同時會使用解釋型手勢和節拍。

原則

解釋型手勢有助於你的解釋和他人的理解。

◎何時該做手勢

- 當你想好好解釋一件事情，讓人徹底了解。
- 顯示你對自己所說的話有信心，對你的主題有足夠的掌握能力。
- 在視訊電話或舞台上更加投入。手勢讓你的解釋多了新的理解角度。

◎何時不該做手勢

● 如果你不想別人看你，那就別做手勢。舉例來說，我跟許多工程師或需要解釋高度技術概念的人一起工作時，他們經常使用投影片做簡報，這時就不需要太多手勢干擾。當你希望別人把注意力放在圖片、影片或演示而不是你身上時，就不要有太多手勢。手勢會讓觀眾分心。

● 如果人們的目光一直盯著你的手，表示你可能演示過度了。**手勢是伴舞**，最好放在背景中，襯托你的口頭觀點，但不可搶鏡、反客為主。

● 如果做手勢時大家都閃開，說明你的手勢做過頭了。試著拿支筆、計數器或一杯水來控制手的動作。有打過棒球嗎？試著讓手保持在打擊區域——肩膀以下，腰部以上，離身體不超過三十公分。

有趣的小技巧

休息的雙手

研究人員注意到有一種**謙遜手勢**，這是指某人雙手放鬆擺在腰前，站著或坐著時都可以這麼做。甘迺迪在總統辯論的第一分鐘就擺出這種手勢。你在聽別人說話時可以使用這種正面線索——表明你的雙手是放鬆、平靜的，同時仍然保持身體敞開。

★力量線索五：手掌的力量

一九一九年，瑪麗亞・伊娃・裴隆（María Eva Duarte de Perón）出生於阿根廷中部一個貧窮的農村，是個私生女。她的小名是艾薇塔（Evita），十六歲逃到了布宜諾斯艾利斯，一心想成為明星。

她在當地一家電台工作時，遇到了未來的丈夫胡安・裴隆（Juan Perón），當時他是一名政府官員。艾薇塔開始幫他競選一個更高的職位：阿根廷總統。她組織集會，對工人演講，並代表他領導大規模示威活動。

很快地，她憑借自己的實力成為明星。裴隆贏得了選舉，艾薇塔也開始在政府中發揮更大的作用。她帶頭爭取工人權利，並幫助阿根廷婦女獲得投票權。她的演講每每都能吸引成千上萬的狂熱粉絲參與。

她後來以一種標誌性的非語言線索而聞名：**揮動手掌**。看過艾薇塔的演講影片就會看到數十次的手掌揮動——從揮手到飛吻，再到將雙臂舉過頭頂。她用手掌引導觀眾，在必要時讓大家安靜下來或炒熱氣氛。

一九五一年十月十七日，上百萬人聚在一起聆聽艾薇塔的最後一場演講。她被診斷出罹患癌症，生命只剩下幾個月。這是一場為工人而說的演講。她呼籲改革，大聲疾呼反對不公不義，然後出現了她的代表性畫面：她雙手高舉過頭，張開手掌，伸向天空。

這場演講後來也成為歷史上最著名的演講之一。電影《艾薇塔》中由瑪丹娜（Madonna）飾演伊娃．裴隆，也是安德魯．洛伊．韋伯（Andrew Lloyd Webber）的歌曲《阿根廷別為我哭泣》的靈感來源。而有趣的是，每每說起艾薇塔的故事，揮動手掌的著名動作也會隨之而來。

手掌是我們最能吸引注意力的地方，如果想要變得強大，就得吸引注意力。當我們想要引起另一邊某人的注意時，我們會朝對方揮手；想被老師叫到時，我們會舉起手，將掌心朝著老師；想讓他人停下時，我們會把手掌放在身體前面。

揮動手掌不僅僅是解釋型手勢，更是引起注意的線索。我們喜歡看手掌，所以也一直在尋找手掌。當我們看到他人的手掌，會覺得對方無所隱瞞。張開的手掌和握緊的拳頭正好相反，因此這代表沒有潛在的焦慮或攻擊性。

手掌也是我們用非語言打招呼的方式。你有沒有這種經驗：你看到有人向你揮手，你也朝他揮手，然後意識到對方是在向別人招手？這是一種非常尷尬但又很人性化的誤會。我們喜歡被看到，所以一直都在觀察是否有人向我們揮手、招手、打開手掌握手，或是朝我們做手勢。

揮動手掌時，人們會注意到你。我們對手掌的線索極其敏感，因為我們知道，雙手是最致命的武器。研究人員發現，舉起手掌的同時，大腦的邊緣系統也會跟著活動，尤其是大腦負責防禦區域的杏仁核。換句話說，手掌的揮動也暗示著我們的情緒。僅僅看到某人舉起手掌就足以觸發我們的鏡像神經元，讓自己和別人有相同感覺。看著手掌揮動會激發邊緣系統，感覺就好像是自己在做一樣。

許多有權勢的人在演講時都會做出艾薇塔的代表性手勢——雙臂高舉過頭，手掌外露。俄羅斯總統弗拉迪米爾·普丁（Vladimir Putin）經常在演講時高舉雙手、將手掌朝向聽眾。教宗方濟各（Pope Francis）在祈福時會高舉雙手。麥克·泰森（Mike Tyson）、穆罕默德·阿里（Muhammad Ali）和佛洛伊德·梅威瑟（Floyd Mayweather）等著名的拳擊手在贏得比賽後也都會高舉雙手、將手掌朝向觀眾。**獲勝者通常會將手掌伸向天空**。

既然我們在潛意識裡對手掌動作非常敏感，那不如就帶著目的使用此一線索吧。以下是常見的揮動手掌的手勢及其含義：

- **握手前：**在打招呼時伸出手，掌心向上，表示在請求握手。
- **擁抱前：**伸出雙手，掌心朝向對方，表示你在請求擁抱。
- **感到興奮：**舉起雙手，掌心朝上，對著天空上下擺動。這代表你希望人們感到興奮、站起來或歡呼。（想想要大家「鬧翻天」的手勢。）
- **冷靜下來：**伸出雙手，掌心朝下，朝地面上下擺動。這代表你希望人們冷靜下來、坐下或安靜。
- **停止：**舉起手，讓對方看到你的手掌，意思是停止。這是讓他人停止靠近或停止說話的訊號。
- **多說一點：**伸出雙手，掌心朝上，朝某人做手勢，讓對方知道你想聽到更多內容。
- **讓我解釋一下：**在說話過程中，伸出單手，掌心朝上，做手勢來強調你在解釋某事。在你解釋的同時，這個想法就像掌握在你手中。
- **這就是整個故事：**轉動前臂，讓掌心相對，來回擺動，表示你在解釋或展現一個想法。

展示手掌最好的方式就是用揮動來代替指指點點。**攤開掌心表示邀請，用手指著多**

是指責。如果你希望他人看你的簡報內容，看他們手邊的講義，看圖表，或是看其他東西時，請用攤開手掌的方式來引導目光。

特別注意：你有沒有注意到，這些掌心手勢有可能會落在先前提過的打擊區域之外？我的經驗法則是：**空間越大，你可以做的手勢就越大**。當你在開會、約會或和朋友坐在一起時，動作落在打擊區域最是理想的。但在會議室、舞廳或舞台這類較大的空間時，大動作的手勢更容易被看到、被接受。我很懷疑艾薇塔在與外交官密談時會使用她的代表性手勢（手臂向上、手掌朝上），但如果是站在幾千人面前，這手勢絕對再適合不過了。

原則

伸出掌心引起注意。

這些掌心手勢不難解讀；事實上，很多手勢可能憑著本能就能看懂了。我的目的是希望幫助你更有目的性地去編碼使用手勢。

掌心手勢能幫你說話。用手掌來補充講話內容或是強調口頭觀點時，手掌線索是最有力的。方法如下：

◎何時該揮動手掌

- **「請叫我」的線索：**你在會議上想發言，但似乎找不到開口的機會。請向大家揮揮手掌，這會巧妙地暗示你有話想說，此時大家就會轉向你。
- **「提供」的線索：**你有個好主意想提供給某人，你想讓大家知道這想法好得不得了。當你在簡報中闡述想法時，伸出一隻手，像是在提供什麼東西給他人，然後說：「我真的很想和你分享這個想法。」這會引起他人注意，知道有人提供了好東西。
- **「聳肩」的線索：**某人正在解釋一件複雜的事情，但你想讓對方放慢速度說清楚。打開雙手，聳聳肩，做出一個微妙但明確表示「我不明白」的手勢。這手勢能暗示對方需要把事情說明白（這比直接打斷對方說話要禮貌得多）。
- **「讓我解釋一下」的線索：**你正對客戶或同事解釋技術性極高的內容。會議室前方的螢幕上播放著你準備的投影片、圖表和圖片，但你還需要進一步解釋其內容。當你在說話、希望他人看著你，請用解釋型手勢；如果你希望他人看投影片，就朝前方螢幕張開手掌。這個線索會提示人們確切知道應該在什麼時候該看哪裡。這也會讓你看起來很有能力，能更好掌控訊息傳遞的節奏。

◎何時不該揮動手掌

- **如果你在隱瞞什麼。**如果你不想被注意到，也不想被質問，那就把手掌藏起來。這是一個讓他人遠離你的微妙訊號。
- **如果你的手掌無所不在。**人們喜歡看到手掌，但如果不斷對著全世界舉手也不現實。要有目的地揮動手掌，而不是揮個不停。

★力量線索六：如何婉轉表達不想被打斷說話

你在說話時被打斷過嗎？還是有人一直在你耳邊一直說一直說，而且說個不停？厲害的人經常能夠巧妙而禮貌地利用非語言線索控制對話過程。以下是一些我個人非常喜歡、能讓他人停止說話的線索，從溫和的方式開始，最後是一些比較嚴肅的做法。

●魚嘴型表情

假設你面前有個喋喋不休的人，要讓對方停止說話的方式之一，就是將你的嘴巴微微張開兩、三公分，保持幾秒鐘，表情看起來像一條魚。基於本能反應，如果有人張嘴做說話狀時，我們應該要停止說話。

當你張開嘴時，這巧妙地暗示著你有話要說，只是在等對方停下來。稍微張嘴的簡單動作通常足以讓他人停下來，讓你有機會開口。如果有人打斷你說話，你也可以利用這嘴型表示你還沒說完。說話過程被打斷時，我們經常是沮喪的閉嘴。現在有更好的處理方式：微微張嘴幾秒鐘，用非語言的方式告訴對方，你話才說一半而已。

● 書籤手勢

生活中經常有人打斷我的節奏，這種人會隨時找機會表達自己的想法。情況變得很糟糕，因為只要我一停下來喘口氣，這個人就會馬上開口。這逼得我只能匆匆梳理思緒，話越講越快，只為了不讓他有機會打斷我的話。這真的讓人很累。後來我學會了一個簡單的非語言暗示：**書籤手勢**。

如果你知道只要一停下喘口氣或整理思緒，你說話的對象就會立刻開口打斷你說話，你就舉起手，掌心朝向對方。這個巧妙地暫停手勢就像是為你的思緒插入書籤。你是在以非語言的方式告訴對方：「等等，我還沒說完，你等著。」

對喋喋不休的人也可以用這招。如果對方不停說話，你可以嘗試舉手做出書籤狀手勢。這是讓對方暫停、讓自己開口的好方法。你的手部動作也會讓他人注意到你，暫時讓他們放下自己的想法，讓他們知道「這對話中還有其他人存在」！

魚嘴型表情搭配書籤狀手勢的效果特別好。

定錨碰觸

對方還在說嗎？我們把做法提高一個檔次試試，我稱之為**定錨碰觸**。有時候某些人沉醉在自己的故事中，滿腦子都是自己的想法，像是活在另一個世界裡。就像他們的思緒飄在空中，而你得把他們帶回地面。要做到這一點，你就得為對方定錨。

要為對方定錨，你可以藉由伸出手，輕輕觸碰對方的手、前臂、上臂或肩膀，這輕輕的觸碰彷彿在說：嘿，我還在這裡！該我了。

這個手勢能將對方從個人獨白中拉出來，因為就算他們沒注意到你的表情或手勢，也會注意到你碰觸了他們。即便是愛說話的人，一旦感受到被碰觸，也會安靜片刻。你可以利用這短暫的安靜切入說你想說的話……或是說再見。

有趣的小技巧

預告技巧

如果你知道說話對象是個話很多或是愛打斷別人說話的人，你可以提前先告訴他們你有多少事情要說，防止他們講個不停。例如你有三件事情要說，那就告訴對方你要說三件事情，然後每說一件事情就比一根手指。你也可以這麼說：「我有個好想法想告訴你，可能需要一分鐘解釋。」這會讓對方知道要多給你一點時間解釋。

★創造強大的形象

如果熱情線索令人驚嘆，力量線索就會增加額外的力量，結合在一起就會形成令人印象深刻的存在。

二〇一四年，研究人員針對極具魅力的領導者進行研究，發現他們都會利用非語言線索來感動、鼓舞或吸引他人。而且這種人的存在是具有感染性的。**他們的自信也會為別人帶來信心**。他們的另一個特點是能解讀他人的情感需求，並編碼正確的線索來鼓舞和激勵他人情感。

研究人員向受試者播放領導者的演講影片，並要求受試者對演講者的個人魅力進行評分。結果發現，得分最高的演講者既有能力線索，也有熱情線索。他們會：

- 使用動態的手部和身體姿勢。
- 身體姿勢更為直挺。
- 保持眼神交流，尤其是在陳述結束時。
- 肢體更加敞開，不會有阻隔行為。
- 點頭次數較多。
- 透過臉部表情、手勢和語調更能傳遞情感（稍後會針對聲音線索進一步介紹）。
- 邀請他人發言。
- 坐在桌頭位置。

- 會使用更好的線索和策略來表達想法。
- 少碰觸自己，多碰觸別人。

我的一個客戶，姑且先叫戴夫吧，他領導著一個上千人的國際供應鏈團隊，每週都會與各部門經理開會討論當週目標。他告訴我，這些會議已經成了固定形式，大家姍姍來遲，還得靠他拖延時間等人到齊。在他詢問新項目情況時，也得不到多少回應，他甚至懷疑自己在宣布公司重大事項時，大家都在底下看郵件。

我們觀看了一段他最近主持的開會影片，很快就注意到他錯失了可以重整開會狀態的機會。

最開始的時候，戴夫低頭悄悄走進會議室，胸前抱著筆記型電腦，形成了阻隔。在等待開會人員到來時，他彎著身子滑手機，當人們陸續進來後，他也不打招呼。

會議開始後，戴夫快速的播放投影片，手勢指向了身後的畫面，他沒有看聽眾，幾乎也不抬頭，電腦螢幕的亮度照亮他的臉。如果他不操作投影片，大部分的時間裡，他的雙手都是藏在桌子下的膝蓋上。

我們也數了數，戴夫只笑過一次……是因為同事生日。

開會不糟糕，只是無聊而乏味。戴夫的存在也不具攻擊性或侵略性，只是不容易被注意到。

他需要重新設定存在感。我們找出一些簡單線索，讓他在沒有壓力的情況下重新調整開會狀態。

首先，我們把他平淡無奇的到場變成了盛大登場，他是主導會議的人，他的到場就代表會議開始，不需要再等待任何人。他拖延開場時間形同鼓勵別人遲到，也代表著缺少能量和影響力。

在接下來的會議上，戴夫將筆記型電腦提在身側，走進會議室的同時也向每個人打招呼，開心笑著說早安！

經過他人身旁時，他會碰碰對方的肩膀並問好。他跟會議室裡的每個人都有眼神交流，並向所有與會者表示個人感謝。

戴夫坐到位子上，插上電腦電源，然後將電腦推到一旁——不讓電腦擋住他看到每個人的視線。「今天的議程有幾件事，但我們先來聽聽每個人工作的最新進展。請告訴我，你們這週進度如何？在處理哪些項目？」

我們認為，有目的性的眼神交流是從每個人身上得到最新消息的最佳方式，這在許多情況下都有效。首先，人們不會只顧著查郵件。其次，如果一開始先分享個人進度，就算有人遲到，也不會錯過公司的重大宣布。最後，在大家開口的同時，戴夫可以表現出凝視、身體前傾、面向說話者等積極參與的線索，也可以很自然的做出尖塔型手勢。

在會議投影片的部分，我們讓他使用投影筆進行切換，這樣他就可以更自由的做手勢。他覺得所有人都坐著，只有他一個人站著太奇怪，因此我們讓他把椅子推到桌子中間，這樣電腦還是擺在一旁，但能讓他的肢體語言更加豐富，做更多的手勢，在演講時也更容易轉身、與人面對面交流。

我們還在他的投影片中加入兩處出人意料的亮點：一開始是一個有趣的表情包，結尾是一段客戶服務的故事。這為每個人都帶來笑聲。在某些技術含量較多的投影片內容上，我們也增加了解釋型手勢來幫助聽眾理解。

在簡報尾聲，戴夫會邀請大家發問，但通常反應並不踴躍。這次他放下投影筆，朝著眾人攤開掌心，說：「我很想聽聽各位的想法。」

戴夫看著一名高級工程師，問：「莎拉，我特別想聽聽妳對這新模式的想法，有沒有什麼事我沒想到的？」他揚起眉毛，微微朝她傾身。

瞬間一桌子的人就開始討論，戴夫用攤開的掌心和微微傾斜的頭來引導說話。他點頭鼓勵一位內向的同事繼續陳述某個重要問題。整體來說，這場會議跟以前的感覺截然不同。人們更願意分享、討論，並且不碰電腦。最重要的是，戴夫覺得自己更有領導能力了。他清楚知道要如何鼓勵他的團隊，激發他們的信心。他不再懷疑自己，知道該把手放在哪裡、站在哪裡，以及如何吸引人們的注意力——尤其是對內向的人。他的個人自信帶動了大家的信心。

那場會議結束後，有位工程師發訊息給他，說：「這是一次很棒的會議。我很喜歡！」這種事情之前從未發生過，但以後會有更多更棒的會議。

你的存在感如何？你是否激發了能力？熱情？還是魅力呢？你現在已經有了一系列線索，幫助你找到最佳的魅力點。

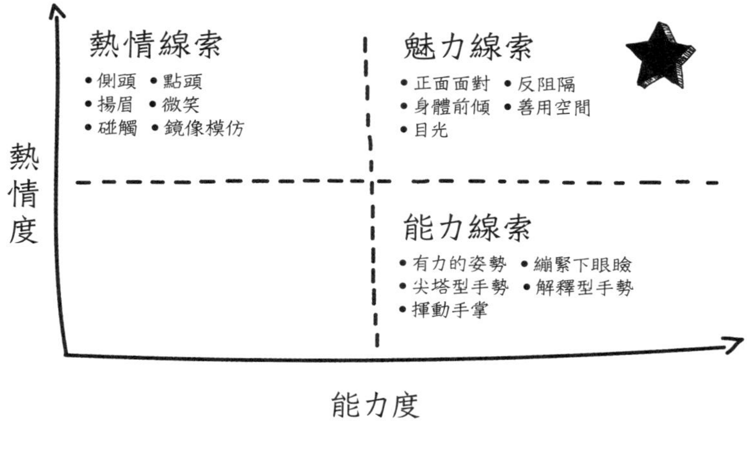

本章任務

讓我們展開線索圖（Cues Chart），將能力線索付諸行動吧。

線索	解碼	編碼	內化
有力的姿勢	你有沒有注意到周圍某些人存在感越來越小？有些人越來越大？	試著雙腳打開幾公分，放下肩膀。有沒有覺得更有自信？	是否有特定的人物、地點或主題會讓你特別焦慮？特別有信心？堅持做那些讓你有信心的事情。
繃緊下眼瞼	在對話過程或媒體上找出三次對方繃緊下眼瞼的時刻，他們是想更了解什麼？	試著繃緊下眼瞼來鼓勵某人。	當你使用下眼瞼緊繃的技巧，你是否變得更好奇？或是更有批判性？試著保持正面態度。

尖塔型手勢	你身邊是否有人會做尖塔型手勢？在電視節目或電影裡，有沒有你喜歡的角色會用尖塔型手勢？	試著在三個不同的場合使用尖塔型手勢——視訊電話、跟朋友在一起，或是開會的時候。感覺如何？	尖塔型手勢讓你覺得自己看起來很蠢？還是變得更強大了？請自己決定這個手勢是否適合你！
解釋型手勢	在你身邊有誰做了過多的手勢？誰的手勢動作不足？	試著在時間有限的簡報中加入帶有目的的手勢。	在說話時是否過度注意雙手動作？千萬不要！找到幾個喜歡的手勢就好，保持自然。
揮動手掌	你能想到在流行文化中有誰揮動手掌的例子嗎？	你是否使用過揮動手掌的線索？這週做三次試試看。	露出手掌是讓你感覺更脆弱？還是更有力量？找出適合自己揮動手掌的方式。

CHAPTER 6

如何識破討厭鬼，同時不讓自己像個討厭鬼

二〇〇五年八月二十五日，環法自行車賽冠軍藍斯．阿姆斯壯（Lance Armstrong）在《賴瑞金現場》試圖向社會大眾證明自己沒有服用興奮劑。我聽著他的陳述，看著他看似真誠的表情，然後心想，這傢伙一定有事隱瞞。

我不知道自己當下為什麼有這種感覺，但阿姆斯壯舉手投足間都充滿各種負面的非語言線索，而我直覺捕捉到了一切。

採訪開始沒多久，阿姆斯壯在興奮劑的問

CNN《賴瑞金現場》

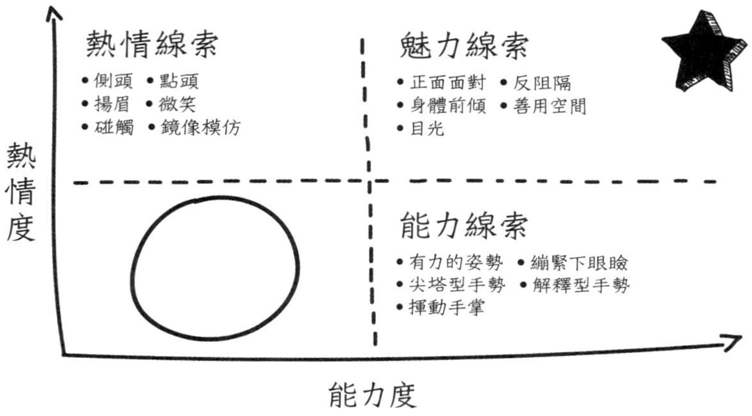

題直接撒了個彌天大謊。「這太瘋狂了，」他說，「我絕對不會那麼做，不可能。」然後他抿嘴，嘴上壓出了一條直線，形成了**抿嘴線索**。

抿嘴代表壓抑或隱藏一個人的真實感受。當我們猶豫要不要開口時，我們會雙唇緊貼，彷彿在強迫自己「要憋住」！

八年後，阿姆斯壯終於承認自己在九〇年代曾祕密大量服用興奮劑。

抿嘴線索正好落在危險區塊。危險區塊的線索就是警示訊號，代表可能有壞事。

這類線索值得進一步觀察。這代表焦慮、厭倦、困惑、防禦、思想封閉、能力不足或攻擊性的訊號。你要時刻注意解碼並處理這些線索，同時也要確保自己沒有在無意間編碼此類行為。

★對我說謊

你有沒有想過自己說謊時，肢體語言會發生什麼變化？是否洩露了什麼祕密？是時候找出答案了。

我們來玩個「對我說謊」的小遊戲，遊戲時間為五分鐘，並且需要將自己的行為拍攝下來。

準備好手機或電腦上的錄影功能，坐在光線充足之處，讓鏡頭清楚拍到你的臉部、雙手和上半身。

至此先稍停片刻，準備好才開始。在你還沒準備好開始錄影之前，不要先看問題想答案。

準備好了嗎？現在，請看著鏡頭，大聲回答下列問題。假裝這段影片是要寄給我做解碼——請用完整句子作答，確保光線合適（我們會觀察你的臉部細節），並且假裝你是在對某人說話。如果你當下想不出答案也沒關係，**不要暫停錄影**。你在思考如何回答時的動作也是重要的解／編碼線索。請儘快作答。

請對著鏡頭回答下列問題：

問題一：昨天早餐吃了什麼？

問題二：請分享你最尷尬的一次經歷。越完整、越仔細越好。

問題三：請編造一個並未真正發生在你身上的尷尬經歷。準備好了之後，對著鏡頭儘可能表現出說服力。

完成了嗎？做得好！現在，請把檔案存好，我們在本章最後再來檢視影片內容。

第一個問題是回憶任務，目的是要觀察你在既不尷尬也沒壓力的前提下，純粹陳述事實的模樣。

第二個問題是回憶尷尬場景，目的是要觀察你在回憶一件有點尷尬或焦慮的事實時，你會是什麼模樣。

第三個問題是觀察你說謊的模樣。

在本章最後，我們會對每一種非語言線索進行編碼，看看你在上述三種場景（回憶、尷尬、說謊）會如何表現。

有數百人在官網上玩過這個遊戲，並將他們的「對我說謊」影片寄給我。我的團隊投入大量時間解碼影片中的線索，試圖尋找說謊模式。但我們最後發現，沒有哪個線索可以表明一個人在說謊——研究結果也證實這一點。遺憾的是，現實生活中也沒有誰一說謊鼻子就會變長。

然而，有些線索可以代表焦慮、羞愧和內疚。當你看到這類線索時要記住，這不一定意味著謊言，但肯定是危險訊號，需要進一步調查。

★危險線索一：距離

一九七三年十一月十七號，尼克森總統在記者會上表示：「我不是騙子，我所擁有的一切都是我應得的。」

然而，事實證明這句名言是不折不扣的謊言。尼克森在水門案中涉案極深。我經常聽到這句話，但始終沒親眼見過當下的場景。如果仔細觀察尼克森說這句話時的原始影片，你會發現一個非常有趣的非語言線索。就在說完這句話後，他立刻在講台上後退了一大步。

這是**距離線索**。當我們不喜歡某樣東西時，很自然會有股衝動，想要在身體上與其保持距離。當我們認為某件事具有威脅性或危險時，也會想要儘可能地遠離。

你知道最危險的是什麼嗎？說謊。欺騙行為會讓我們陷入麻煩，會讓人感到內疚、羞愧和恐懼——這類情緒會使身體感到痛苦。

我和團隊在「對我說謊」影片中注意的第一個線索是，在回答問題三（說謊）時，無論是在說謊或打算說謊，人們會把身體往後靠，遠離鏡頭，或把椅子往後挪，或把頭轉向一邊。

對於以下突然拉開距離的行為要特別注意：

- 後退一步
- 身體靠在椅背上
- 頭部或身體轉向
- 向後移動
- 轉身看手機
- 向後傾斜

保持距離是一個微妙的訊號，代表某人說過、看過或聽過一些不合適的事情。

當然，你也要確保自己不會突然表現出保持距離的行為。當別人感覺到你想拉開距離或轉身離開，自然也不會有什麼好反應。**身體距離會引發情感距離**。最有魅力的人是穩定、專注且投入的。他們會正面面對、向前傾身及拉近距離。而保持距離正好與上述的正面線索背道而馳。

保持距離不僅會降低你的魅力，還會對身邊的人產生負面影響。有一項研究拍攝記錄了理療師與患者之間的互動，發現如果理療師表現出消極的非語言線索，包括看遠處或不直接對患者微笑，對患者的健康也會產生負面影響。理療師的距離越遠，患者在出院以及三個月後的身體和認知功能就越差！而表現出點頭、微笑、身體前傾的理療師，其患者後續的康復狀態也更好。

我也發現，在兩種情況下人們會突然拉開距離。

第一種情況**低頭族**，也就是顧著使用手機而冷落、怠慢身邊的人。這不只非常無禮，研究發現這種行為也會讓你顯得不值得信賴，會直接讓你落入危險區塊。

第二種情況是，當你在演講、祝酒或站在前方時，很容易在無意間拉開距離。在「精彩簡報」的課程中，我會要求學生把表現不太順利的影片發給我。所謂不太順利，就是你希望有機會可以重新來過的那種。我們很常看到，緊張的演講者通常會站在前面，說完第一句話後，接著就後退一步，或是前後腳站著，導致一開始說話時，雙腳還前後移動，讓整個人看起來很不自信。

這無疑是對個人魅力的雙重打擊。這種後退拉開的距離代表缺乏與觀眾之間的連結，讓演講者看起來很不穩定，也會分散注意力。

另一種意外失誤呢？演講者的觀點很棒……但說話時背對著觀眾。演講者轉身在黑板上寫字，或是背對觀眾指著投影片，結果就是演講者正面面向著投影片而非觀眾。

以下是如何避免發生這類的負面線索：

- 開始之前，先挑好定點準備開場。走過去，然後站定位置。
- 避免讓雙腳看起來很緊張（後退、左右晃、拖步）或是用腳側站立。
- 使用遙控器切換投影片，如此一來你就不必轉身或縮在電腦前。
- 試著記住投影片順序及內容，你就不必頻頻盯著身後的投影片或螢幕看接下來要說什麼。
- 當你需要觀眾看投影片或你身後的展板時，先站到一旁，然後練習使用攤開手掌的手勢。
- 如果你需要在白板或螢幕上做記號，試著先畫完再說重點，或是說重點時面向觀眾，停下手邊動作。
- 如果你坐著和人說話，試試可旋轉的椅子方便轉動。如果你選擇轉椅，要注意別不小心轉開了（或在椅子上扭動）。

● 做簡報時你是否會慣性地往後退？我見過緊張的發表者，發表結束的那一刻，他們的背也貼在了身後的牆上！如果想避免這種情況發生，請把水杯、筆記或電腦放在你使用的桌子上，有助於你往前站。

你曾在做簡報時腦袋一片空白嗎？不知道說到哪了？雖然往後退一步可能會破壞人際關係，但也有助於你釐清想法。有研究人員發現，在繁重的任務中退一步時，人們會覺得自己更有能力、更具掌控力。

當你腦袋一片空白，試著退後一步整理思緒。向後退一步，喘口氣，喝口水，準備好回到正軌時，再向前一步。

有事情想不明白嗎？想不出那個詞？如果你一個人坐在辦公桌前，試著往後靠，增加物理的空間有助於創造更多的精神空間。

原則

身體距離會引發情感距離。不是轉身離開，而是轉身向前。不要退後，要向前走。

◎何時會出現距離

- 你說了或做了會讓某人緊張或不舒服的事情。
- 某人剛說謊，想要儘可能遠離麻煩。
- 當某人受到手機、螢幕、電腦或後方投影片干擾。

◎出現距離該如何應對

- **調查：**是什麼導致某人保持距離？是什麼原因讓對方疏遠？
- **解決：**補充說明、消除困惑，然後回到相同的軌道上。
- **和諧共處：**找出某件能讓雙方傾身向前的事情。找個理由建立關係、連結，然後共同前進。

★危險線索二：自我安撫

布蘭妮．斯皮爾斯（Britney Spears）在《日界線》（*Dateline*）節目上被問到關於第二任丈夫凱文．費德林（Kevin Federline）的事情。當時是二〇〇六年，兩人已經有了一個九個月大的兒子，而布蘭妮又懷孕了。

主持人問布蘭妮這段戀情是如何開始的，當時她立刻往後靠，擺出疏遠的姿勢。接著她雙手摸著額頭，撥開頭髮，這是一種**通氣**的姿勢。通氣是試圖讓空氣接觸到皮膚，防止緊張出汗。人們透過撥開頭髮、拉開衣領或搧風的方式來「通氣」。一秒鐘後，布蘭妮一隻手開始頻頻摩擦小腿，這是一種**安撫手勢**。

研究發現，當話題讓人產生焦慮，我們會更頻繁的碰觸自己。想想有小孩的父母——母親會撫摸著孩子的背部，父親會拍拍孩子的頭讓他平靜下來。即便成年之後，這種渴望安撫的情緒依舊存在。我們會透過揉脖子、搓手或摸腿來自我安撫。觸摸會產生催產素，讓我們感到平靜和親密。

咬指甲和吸吮筆這類的安撫動作稱之為**平息姿勢**，因為這就像奶嘴一樣可以用來緩解焦慮，我們也會透過咬嘴唇或吮吸臉頰內側來平息焦慮。這些動作都會讓我們想起吸著奶嘴或奶瓶的感覺——很舒服。

我們也可以透過**整理動作**來安撫自己，也就是利用自我碰觸讓自己看起來更好——可以是有目的，也可以是出於習慣。我們會摸頭髮、補妝或整理服裝。布蘭妮試圖撥開臉上的頭髮，也可能是一種整理線索。

有趣的小技巧

調情打扮

整理儀態不見得是危險區塊的線索，也可能是調情的訊號。研究發現，女性比男性更愛打扮，尤其是剛開始發展一段新關係的時候。當女人名花有主時，就不會那麼愛打扮了，可能是因為打扮是一種提升自尊、改善外表的方式（整理衣服、梳頭或化妝），甚至是透過觸摸嘴唇或頭髮來吸引他人對自己身體的注意。如果你沒有看到其他危險區塊的線索，你可能就是對方想要發展浪漫關係的目標了！

以下是一些常見的安撫姿勢：

- 摩擦胳膊或搓手
- 摩擦後頸
- 摩擦大腿或小腿

- 掰指關節
- 咬指甲或筆
- 吮吸臉頰內側或咬嘴唇

安慰舉動也是一種安撫姿勢，例如來回擺動、腳趾抓地、晃動雙腳，或是來回踱步。之前也提過，父母搖著孩子入睡，肚子痛時揉揉肚子，在房間裡來回踱步都能讓孩子冷靜下來。作為成年人，我們也試圖自己做這些事，這也是為什麼搖椅會讓人如此放鬆。你或許也曾注意到，講者在說話時會走來走去，這也是一種下意識讓自己保持冷靜的方法。

摸鼻子是另一種獨特的自我碰觸姿勢。說謊時，你的鼻子會發生變化。雖然不會變長，但可能會發癢。精神病學家透過熱像儀發現，人們說謊時鼻子會發熱，可能會導致神經末梢刺痛，這就是為什麼人們在說話時會本能地摸鼻子。

研究人員艾倫．赫希（Alan Hirsch）和查爾斯．沃夫（Charles Wolf）仔細分析了比爾．柯林頓（Bill Clinton）在莫妮卡．陸文斯基（Monica Lewinsky）一案中的證詞，發現他撒謊時摸了鼻子二十六次。

自我碰觸的姿勢對魅力產生負面影響可從兩個層面上來說。首先，安撫姿勢會讓你看起來很焦慮，**許多研究都發現，安撫姿勢、坐立不安和無關緊要的動作都會降低你的**

魅力。

強大的人不會把精力浪費在沒有意義的事情上。他們用手勢解釋，用身體前傾強調，除非有原因，否則他們不會亂動。

這也帶出安撫姿勢有害的第二個原因：自我碰觸或安撫動作會分散他人的注意力，一舉一動都會吸引他人目光。如果你一邊說話，一邊掰指關節或摸腿，人們很難專心聽你說話。如果你來回踱步，人們很難不注意到你的動作，也就無法專心聽你說話。安撫線索會降低你說話內容的質量。

自我安撫的姿勢也會讓觀眾緊張。有一組研究人員發現，當講者在台上坐立不安，觀眾的皮質醇也會跟著升高！還記得線索循環嗎？我們的非語言線索是會感染他人的，**你的緊張姿勢會讓人跟著緊張**。

好，你現在知道安撫姿勢會有損魅力，但你該如何避免呢？如果你經常坐立不安，習慣來回踱步或咬指甲，你會發現很難停下來。我知道，因為走來走去就是一種非語言的壞習慣。如果立刻戒掉有困難，我會建議使用**替代策略**。

焦慮時，我們會踱步，讓雙腿有事可做。我們坐立不安是因為不知道自己的雙手該做什麼，需要有一種方法來消除焦慮。替代策略會幫助你在精神上專注於某事，讓身體有事可做。以下是一些建議：

- 握住筆或鉛筆。
- 使用按動器——這對身為講者的我非常有幫助！這能讓我更好地面對聽眾，也限制了無關緊要的動作。
- 帶著咖啡或茶。我在社交場合會這麼做，一手騰出來握手，一手拿著飲料。這對降低煩躁不安很有幫助。
- 靠在講台旁，防止身體晃動。
- 不要讓頭髮亂飄。我不得不剪掉留了一個月的瀏海，因為我會不停撥頭髮。
- 避免配戴需要調整的珠寶或衣服。

有趣的小技巧

按住拇指

有一次，我接受新聞採訪，當時我們站在一個大亭子裡。那是我第一次站著接受訪問，身體不停地晃動。當時記者教我一個小技巧，讓我在鏡頭前不會晃來晃去。她告訴我，在接受訪問的過程中，將雙手放在身體兩側，拇指和食指併攏按住。我很意外，這個方法竟然奏效了！這也讓我避免出現爵士手（我會過度使用手勢）。這方法不會引起別人注意，而且還真有效！

原則 安撫姿勢會讓人分心及降低你的魅力。

◎何時會看到自我安撫

- 如果某人感到焦慮、懷疑或不舒服。
- 如果某人是一個習慣性煩躁不安或愛打扮的人。
- 手部：搓手或掰關節。嘴巴：咬嘴唇、吸臉頰或咬筆。脖子：摩擦頸部或玩弄珠寶。

◎看到自我安撫，你該怎麼做

- **調查**：你說了什麼讓別人緊張的話？他們是因為焦慮而坐立不安，還是習慣性的緊張？有些人的安撫姿勢是習慣性的。如果有人一直表現出相同的非語言行為，可以試著忽略（或是用這本書幫助他們停止動作）。

- **解決**：當你在做某事、說某事或強調某事時，是否注意到有人不再坐立不安？有一次，我和一位一直在撥弄耳環的同事聊天。當時我沒多想，直到提起新年的新品發表會，她立刻停下動作。她的停止動作讓我意識到自己說了很重要的事情。一番思考後，我意識到她對年底的購物高峰非常緊張，希望能得到更多協助。
- **和諧共處**：你會讓別人緊張嗎？多了解對方，找到共同點，利用熱情線索讓他們感受到別人的傾聽——鏡像模仿、帶著鼓勵的微笑、揚眉。

★危險線索三：阻隔

蜜雪兒．波勒（Michelle Poler）征服了一百種恐懼……並將過程一一拍攝記錄下來。她嘗試跳傘，做脫毛蜜蠟，還吃辣。

她把自己戰勝恐懼的影片上傳到YouTube後迅速走紅，她的勇氣引發了一場運動，激勵他人勇於戰勝恐懼。我參加了她的一集節目，幫助蜜雪兒克服跟陌生人說話的恐懼。在那集節目中，我們一起走在紐約街頭分發鮮花。

我很喜歡蜜雪兒的影片，非常鼓舞人心。她的影片也說明了一個人在做害怕的事情之前會有哪些非語言行為。

蜜雪兒第一次做脫毛蜜蠟那集就非常有趣。你看她走進房間後，摸了摸**胸骨上切跡**，那是鎖骨之間的凹處。當她躺下時，她又摸了一遍。

人們經常會觸摸此處讓自己冷靜下來，或是把玩鎖骨凹處附近的東西，例如項鍊、領帶或圍巾。把手放在心臟、胸部和頸部這些身體最脆弱的部位時會產生安全感。

蜜雪兒還表現出一種**恐懼微笑**，那是一種露出眼白的笑容，也是落入危險區塊的線索，這種不協調的表現往往發生在某人試圖用微笑來掩飾緊張的時候。有時人們的個人資料照片會無意間露出這種表情（尤其是討厭拍照的人）。看看你的檔案照，確保你沒有露出上眼白，因為這只會分散人們對你笑容的注意力。

有趣的小技巧

平靜的凹處

請注意，不要有事沒事就摸你的胸骨上切跡，這會讓人分心，也是焦慮的訊號。但如果你需要迅速冷靜下來，這是個不錯的方法。我在演講課中經常告訴學生，如果在演講前很焦慮，要迅速平靜下來的方法之一就是碰觸此凹處。做法很奇怪，但很有效。

觸摸胸骨上切跡也是一種**阻隔手勢**。我們在第三章曾學過反阻隔。用手臂、雙手或電腦、筆記本等工具擋住身體會形成一種受到保護的感覺，但也傳遞了內心封閉的訊號。受到威脅或感到不舒服時，我們會做出阻隔反應，以此保護最脆弱的地方。

以下是三種阻隔姿勢，在蜜雪兒身上全都能看到：

- **擋住身體**以此保護心臟、肺部和腹部。在蜜雪兒的影片中，她會自我擁抱，一隻手擋在胸前，碰觸胸骨上切跡，並抓住東西擋在身體前面。
- **擋住嘴巴**以此保護攝入營養和水分的唯一管道（也是最好的交流方式）。人們害怕時，通常會用手摀住嘴巴，這就是阻隔嘴巴。咬指甲也是一種堵住嘴巴的動作，同時也是安撫姿勢。這就是為什麼人們很難改掉這個習慣！
- **擋住眼睛**可以保護眼睛免受傷害。聽到壞消息時，人們通常會用手摀住臉部或眼睛，或摘下眼鏡揉眼睛。在潛意識裡，他們試圖屏蔽剛剛接收到的訊息，並且給自己一點時間處理。就像想要與世隔絕，給自己時間思考。在接收到訊息時，揉揉眼瞼可以刺激迷走神經，幫助緩和心跳和呼吸頻率，也是讓自己快速冷靜下來的方法之一。

實際上，蜜雪兒有一連串因為痛苦而恐懼的表現，擋住眼睛和嘴巴的行為也就不意外。在經歷痛苦時，當下所能專注的事情就是痛苦，自然會想要屏蔽掉外界的一切。因此在疼痛時，我們會擋住嘴巴，包括咬指關節、摀住嘴、抿嘴，這一切都是因為試圖抑制尖叫的衝動。別叫！

有趣的小技巧

讓我看看你

如果你想要與他人建立關係，試著特意拿掉眼鏡。這就是巧妙地表示：「我想看清楚你，我不希望我們之間有任何阻礙。」不過，如果你是真需要眼鏡才能看清楚對方，請把眼鏡戴上！但如果你戴的只是閱讀眼鏡，在與人互動前把眼鏡拿下就像是在告訴對方：「我想好好看著你。」

眨眼頻率增加也是一種擋住眼睛的形式。研究發現，緊張時的眨眼頻率會加快，以此屏蔽潛在威脅，但也增加思考時間。

有位研究人員記錄了尼克森總統在水門案聽證會上的眨眼頻率，發現他被問到沒有準備的問題時，眨眼頻率有明顯增加。

布蘭妮在《日界線》節目中也有類似行為。當主持人問到是否擔心丈夫出軌，她迅速眨了眨眼睛，深吸一口氣，然後才回答問題。這個問題顯然讓她非常緊張。

如果你遇到突如其來的阻隔線索，一定要先解碼，看看是什麼事情導致對方緊張或不舒服，先讓他們放鬆下來。

最重要的是，**不要讓突如其來的阻隔線索讓自己看起來莫名焦慮**。這類線索會立刻讓你落入危險區塊。

原則

我們會擋住身體、眼睛和嘴巴來保護自己。

◎何時會出現阻隔線索

- 當某人感到焦慮、不安或不舒服。

- 當某人需要時間思考，不想別的事情。
- 當某人聽到令人驚訝、負面或威脅的話。

◎看到阻隔線索該如何做

- **調查：**要特別注意突然出現的阻隔線索，這通常代表需要消除某人的顧慮。你要找出原因以及幫忙的方法。
- **解決：**一旦你知道某人焦慮的原因，你要做出選擇：安撫或解決。你能幫他們緩解焦慮嗎？你能解決問題嗎？
- **和諧共處：**無法解決或安撫嗎？給他們一點空間，有時人們喜歡自己處理焦慮。

★危險線索四：尷尬訊號

二〇〇五年七月三日，喜劇演員喬治．羅培茲（George Lopez）把車停在加州洛杉磯的家門口時，看到了一名市府官員、八名工人和兩台拖拉機在等著他。

據該市府官員表示，羅培茲的房屋違反法規且未回應市府發出的五封信函，現在必須要拆除他家的整個房間。羅培茲抗議爭辯，他邊質疑邊求情，但工作人員已經準備執行拆除。拖拉機準備要推倒前院的院牆。

就在拖拉機要挖進房屋的那一刻，演員艾希頓・庫奇（Ashton Kutcher）扛著攝影機一路跑過來，原來這是《明星大整蠱》（*Punk'd*），一場精心設計的整人節目，市府官員和工人都是演員，就是為了整羅培茲。

羅培茲看到庫奇，知道一切都是惡作劇後，馬上低下頭，把雙手貼在前額上，這是典型的尷尬線索。感到不好意思時，我們會用手或手指輕輕觸摸前額，通常還會跟著低頭。

在所有的惡作劇節目揭露謎底的那一刻，你都會看到同樣的動作。這個動作結合阻擋眼睛和自我安撫的動作。感到尷尬時，我們會試圖將訊息阻擋在外，可能透過轉移視線、低頭或用手觸摸前額，以此保護臉部不受訊息或他人的影響。這也是一種掩飾尷尬表情的方法。

自從我認識尷尬線索後，我很意外這個線索在日常生活中經常出現，而且非常頻繁。以下是可能會出現尷尬線索的場景：

- **談到錢：**我經常在人們討論財務問題時看到尷尬手勢。談論財務問題容易讓人尷尬。如果你看到這個線索，請特別注意！你掌握了一條祕密訊息——金錢對對方來說是個敏感話題。簡化事情，寫下來，在提到任何與金錢相關討論之前先讓對方有心理準備。

- **缺乏知識或感到困惑：**人們經常在困惑時有尷尬的表情。問同事新項目進展時看到尷尬的動作嗎？他們可能對新項目、進度或某方面的進展感到困惑或不知如何回答。
- **訊息太多、太快：**我真的很喜歡長時間深度且親密的談話（還有在海灘上散步），但不是人人如此。我發現有時候如果我太快對內向者提出太私人的問題，如果我越界了、問太多問題，我不難看到對方尷尬的手勢，然後我就知道要放慢速度，並用語言回應。
- **當某人犯錯：**如果有人犯錯，他們會用尷尬的手勢觸摸自己。這可能發生在你指出對方錯誤時，或甚至在你意識到之前，對方就先發現自己犯了錯！曾經有人因為意識到犯錯而尷尬地碰觸自己，因而讓我發現了對方的錯誤。

尷尬是最有力的線索之一，因為這代表你已經接近危險區塊。尷尬本身並不是一個不好的線索，但可以是個指標，說明你進入了一個讓對方緊張的話題、想法或場景。**尷尬意味著你正進入危險區塊！**如果你見到這線索，得放緩些。

原則

尷尬的觸摸是緊張的訊號。

◎何時會出現尷尬線索

● 當你讓某人尷尬。

● 當你涉及太私人的話題或過多內容時。內向的人更容易出現這種情況。

● 當某人感到困惑或擔心，不知道該如何開口時。

◎看到尷尬線索時該如何做

● **調查：**你是否說出或做了讓他人尷尬、羞愧或困惑的事情？找出來！

● **解決：**張開雙臂歡迎尷尬。不要因為尷尬而感到不好意思。如果你不尊重尷尬，這會迫使對方封閉自己、選擇退出，進而失去對你的信任。試著給予安撫和接納，以此消除尷尬。

● **和諧共處：**消除尷尬感最好的方法之一就是分享彼此的弱點。有一次，當我們在檢視一套非常複雜的高科技系統時，我發現了一位新成員的尷尬，我立刻進入安撫模式。「你知道嗎，我花了好幾個月才學會，你才用了幾天就這麼厲害。你可以的！我們會在你學習過程中幫助你。」尷尬的時刻瞬間變成了親密的連結。

★危險線索五：你還好嗎？

我有個問題。我天生就長得一張臭臉，就算心裡根本沒怎樣，一臉看起來就是不高興的樣子。

是否有人曾在你完全沒怎樣的情況下問你是不是在生氣？或是你前一晚明明睡得很飽，人家還是說你看起來很累？

我懂！我知道那種感覺！

天生臭臉

即便在你狀態正常時，別人也覺得你在生氣、心情不好或抓狂。

你在思考時是什麼表情呢？傾聽時呢？工作時呢？這事情可能比你想像中還重要。身為人類，我們對他人的表情非常敏感，會不斷尋找線索。臉部表情能提供大量訊息，不只能說明對方在想什麼，還能告訴我們該怎麼想。

如果你不喜歡某樣東西，或許我們也不會喜歡。

如果你害怕，或許我們也該害怕。

我們不斷在掃描周圍的表情，尋找該如何思考和感受的隱藏線索。這種行為在我們很小的時候就開始了。一名研究人員讓父母把一歲大的嬰兒抱在腿上，然後在面前的桌子上擺放兩個盒子，嬰兒可以同時看到研究人員和盒子。

首先，研究人員打開其中一個盒子，露出快樂的表情，並確保嬰兒只看到他的反應，沒看見盒子裡的東西。他接著打開第二個盒子，露出不喜歡的表情，嬰兒同樣也只看見了研究人員的反應。

然後，研究人員將兩個盒子放在嬰兒面前。他發現所有嬰兒的第一反應都是把手伸向那個快樂的盒子，也避開了讓人不喜歡的盒子。**透過觀察他人的表情可以知道我們想要的是什麼**。

三種負面表情是導致所謂天生臭臉[7]的原因。

1. 生氣：生氣的時候我們會皺眉，在眉毛之間形成兩條垂直線條。把眉毛往下拉的肌肉叫做皺眉肌，是用來表達憤怒、擔心、困惑等各種負面情緒，所以眉頭緊鎖會讓人感到消極。如果你在休息時眉頭緊皺——許多人專心時

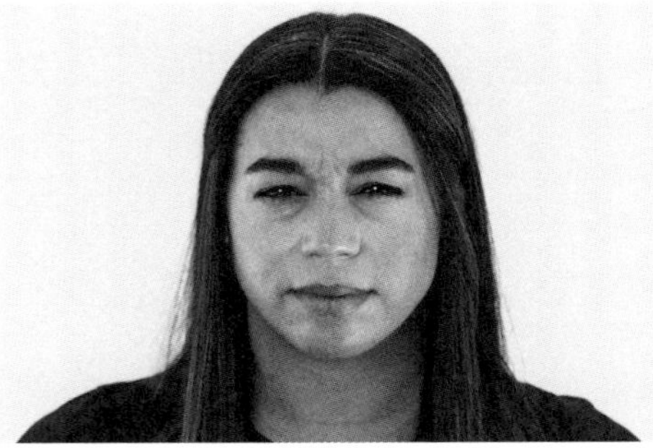

也會使用皺眉肌——別人可能會以為你很心煩。

更有趣的是：緊鎖眉頭不僅是你看起來很消極，也會讓人感到消極。研究人員發現，當他們強迫受試者緊鎖眉頭時，實際上會引發更多的負面情緒。**皺眉不僅讓我們看起來不開心、不隨和，整體感覺也不投入**。

談談能放鬆眉毛的事情吧！

有趣的小技巧

肉毒桿菌

研究發現，如果在皺紋肌上施打肉毒桿菌，這個人看起來就沒那麼生氣和易怒。如果肌肉無法做出憤怒表情，看起來就沒那麼生氣了。然而，如果是在微笑紋上施打肉毒桿菌，看起來也沒那麼快樂了。

註7：保羅．艾克曼（Paul Ekman）提出了七種人類共通的表情：快樂、輕蔑、恐懼、悲傷、厭惡、驚訝和憤怒。我在《和任何人都能愉快相處的科學》（*Captivate: The Science of Succeeding with People*）一書中有一章是專門介紹表情。

● **編碼憤怒：**集中注意力照照鏡子。你看到眉毛之間的兩條直線了嗎？為了避免出現臭臉，試著放鬆眉毛吧。

有趣的小技巧

太陽！

看一下你的個人資料照片，有沒有皺眉呢？有時在太陽下拍照會不小心皺眉，導致別人看到你的照片會覺得你在生氣。**研究人員對此進行了調查，發現陽光導致的皺眉與憤怒皺眉使用了相同的臉部肌肉。**當受試者不戴墨鏡在陽光下行走時，他們比戴墨鏡的人看起來更生氣、更具攻擊性。那樣的皺紋力量太強大了！

● **解碼憤怒：**仔細看看經常眉頭緊鎖的人。那是他們專注的表情嗎？太好了，隨他們去吧。他們是不是有點生氣？這就要注意了！找出原因，試著解決問題。

請注意！

抿嘴

一個人生氣時，有時候會緊繃嘴唇、壓成一條線，叫做抿嘴。還記得藍斯．阿姆斯壯說謊後抿起嘴唇的樣子嗎？在生氣時，我們會試圖壓抑怒吼或控制脾氣爆發。在情緒上，我們試圖繼續「在一起」，但身體看起來就很緊繃——抿起嘴唇，緊握雙手，或是咬緊牙關。如果你看到有人抿嘴，他們可能在隱瞞什麼，或是準備爆發。

2. 悲傷：悲傷時嘴角會往下，在臉頰形成兩道皺紋。眼皮也會跟著下垂，眼角皺起。

遺憾的是，我休息時的表情看起來跟悲傷狀態沒兩樣。因為我的嘴角是自然朝下——休息時，我的嘴角就是朝下（看起來像在皺眉），我還有超大的眼瞼——沒錯，很奇怪的臉部特徵！所以即便我很清醒，在別人看來我就是一臉無精打采。

既然知道這一點，我就要調整改善了。參加重要會議或錄製影片時，我會比平時更睜大眼睛，注意嘴角上揚。

我也可以透過化妝來解決問題，利用眼線筆開眼角，讓眼睛看起來大些。這些小小的改變會對我表現出來的投入程度產生巨大影響。

如果你也有類似臭臉的問題，試著將相機擺在比眼線稍高的角度，你往上看的同時，眼睛也會睜大，看起來更清醒。如果你參加一場重要會議，在製造第一印象或說重要事情時，要記得讓嘴角或眉毛上揚。這能巧妙地讓人感受到你的投入，知道你沒有不高興。

有趣的小技巧

撇嘴

撇嘴代表一種懷疑或不相信的態度。這一種往悲傷發展的表現，彷彿看到或聽到的事情不是真的，讓人很難過。如果看到這種表情，請暫停下來，好好想想。你是否要進一步解釋觀點？需要澄清嗎？確保大家進度一致？別不自覺就撇嘴了。

- **編碼悲傷：**你的嘴巴朝哪個方向轉了？你的表情是否傳遞某種情緒？你可以在必要時利用這些訊息。
- **解碼悲傷：**看到有人拉著臉皺眉了？看見撇嘴了？在悲傷面前，你有兩個選擇：說出來讓對方好受些，或是給對方空間。有時候，尤其是在工作場合，人們需要空間來消化悲傷。

3. 輕蔑：賊笑，而且通常只揚起一側嘴角，也是輕蔑的表情。

喬治．布希（George W. Bush）在競選美國總統時曾遇到過一個問題——賊笑的表情太多了。這讓人有些反感。政治作家德魯．韋斯頓（Drew Westen）博士說：「這個惡名昭著的賊笑造成了『錯誤的印象』。」

共和黨隨即採取行動，迅速指導小布希該如何表現「莊重而非傲慢」。

美國知名時事政評雜誌《*Slate*》在一九九九年〈小布希的賊笑〉一文中提到：「這個賊笑在共和黨的圈裡引發

許多擔憂。」

這是一種最簡單、但也最難懂的表情。輕蔑——蔑視、不屑或優越感——很常會與無聊、冷漠和擔憂混為一談。當研究人員讓受試者判斷表情時，只有百分之四十三的人能正確辨識出輕蔑的表情——是所有表情中猜中率最低的！

我經常看到有本來是想表達快樂🙂，結果卻誤用了賊笑😏的表情符號。這種不對稱的微笑表現的是輕蔑，而不是溫柔的幸福！

研究顯示，輕蔑是最常見的臭臉表情。這對我們的職業、社交，甚至是愛情都有很大的影響。

約翰．高特曼（John Gottman）博士是在西雅圖的婚姻顧問和研究員，他進行了一項長達三十年的實驗，試圖找出為什麼有些夫妻會離婚，有些能白頭到老。他想知道是否能透過某些相處模式而預測夫妻關係的走向。

高特曼博士發現有一個線索能預測夫妻關係的未來：蔑視。如果婚姻中有一方或雙方在訪談過程中表現出對對方的輕蔑神情，那麼這對夫妻離婚的可能性高達百分之九十三！

請注意！

加標點符號的人

研究人員發現，大多數人說話時都會用某種表情或手勢來表示強調，這就是說話**加標點符號的人**。

所謂加標點符號，意指人們用來強調話語的線索、手勢或表情，但不夾雜相關情緒的表現。

例如，《扶手椅專家》（*Armchair Expert*）的主持人、演員兼播客主持人戴克斯・薛普（Dax Shepard）就經常被搭擋莫妮卡・帕德曼（Monica Padman）取笑他的非語言表點符號——**張大鼻孔**，也有人叫鼻孔扇張或鼻翼搧動。這是危險區塊的線索，也是非語言的攻擊訊號。

需要快速吸入空氣時，我們的鼻孔會張開，而生氣時也一樣。但帕德曼發現，薛普在不生氣時也會這麼做（所以這只是一種標點符號）。她建議薛普控制好鼻孔，免得看起來像在挑釁來賓。

如果你編碼出來的標點符號碰巧是個消極線索，試著換一個積極或中性的線索吧。

如果你看到同事、朋友或家人一再給你相同的線索，但又好像是隨機行為，這可能只是他們行為的標點符號。

輕蔑是一種非常強大的情緒。如果不解決，早晚會出事。如果沒有加以控制，不經意的輕視表情會發展成不尊重和仇恨的情緒。

- **編碼輕蔑：**確保你沒有在無意間露出輕蔑的笑容——休息時、個人資料照片或聽他人說話時。
- **解碼輕蔑：**如果你看到輕蔑表情，立刻找出原因。是說了什麼？感覺到什麼？是什麼觸發了它？然後看看你是否能安撫、重申或解決消極情緒的源頭。

原則

注意你休息時的表情，避免在無意中帶給他人憤怒、輕蔑和悲傷的感覺。

★ 如何談判買車……或得到任何你想要的東西

到目前為止，我們一直在討論如何避開危險區塊的線索。然而，危險區塊的線索有時也能加強溝通。**你可以利用危險區塊的線索來微妙地表示不贊成、不喜歡或不參與**。

有人讓你覺得不舒服嗎？摀住嘴，後退一步。

開會時有人提出你不同意的事情嗎？雙臂交叉，傾斜身體。

我最喜歡在談判時善用危險區塊的線索。我是屬於會討好別人的人，很難說「不」。有時候在語言表達的刻意迂迴會讓人心累而緊張，相較之下我更喜歡讓非語言線索說話。

我的談判策略就是讓非語言線索為你發言，這能讓對手主動與你協商。

原理是這樣的：當談判對象說了一些正面或你認同的事情時，請用積極的非語言線索回應，並給予口頭鼓勵。

就以談判買車為例，可以這麼做：

「哇！」（微笑）「你們貸款利率這麼低真是太好了。」

（傾身向前）「還有加熱座椅，我太喜歡了。」

（點點頭，眼神交流）「真的嗎？如果我今天買了，你能送我一百次免費洗車嗎？」

許多人在為想要的東西談判時，最常犯的錯誤之一就是表現得可有可無。這實際上對自己是不利的！利用非語言的熱情和能力線索來建立你與對方的和諧關係，讓他們尊重你，如此一來或許能得到更好的收穫。研究人員甚至發現，非語言的矛盾心理（試圖保持中立）會損害談判能力。**他們發現，如果你在聽到不滿意的報價時明顯表現出失望的非語言線索，實際上有助於讓對方在談判過程中做出更大的讓步**。

這是一種更有效的談判方式——為什麼要壓抑你的激動或失落呢？全部都表現出來！強調你的真實感受。當你聽到不喜歡或不同意的事情時，就表現出危險區塊的線索吧。這是一種不正面抵抗但又能明確表達失望的方式，在不必說話的情況下讓對方讓步。

價格不滿意：抿嘴。

時間表不可行：皺眉、雙臂在胸前交叉。

不是你想要的：搖頭拒絕，轉身離開。

這些非語言線索都在告訴對方：不用了，謝謝。還有更好的嗎？

在談判時要記住，模稜兩可或隱藏感受只會損害你的機會和可靠性，也會讓對方降低對你的信任。表達真實感受才能建立真正融洽的關係。

★一致性造就真實性

矛盾心理不僅會在談判中對你造成傷害，也會影響工作。

有沒有在開會時聽過別人說：「很高興來到這裡。」但他們說這話時，臉上卻沒有很開心，語調平淡，看起來還一臉疲憊的樣子。這就是所謂的**不一致性**。你所說的話跟你的表現不一樣。

一致性　非語言線索和語言內容一致。

當我們說的話和肢體語言線索不一致時，感覺就是出了問題，好像有哪裡不太對。這不僅會讓人覺得不真實，也會讓自己困惑。我們該相信哪一個？語言內容還是非語言線索？

關於危險區塊線索，有一點很重要，請記住：當你所做的跟你所說的一致，哪怕是負面線索，那也是可信的負面線索。如果某人說他很生氣，也表現出了憤怒，那就是一致的。**就算是負面線索，但你知道這背後沒有隱瞞**。

就像蜜雪兒．波勒在影片中表現出各種危險區塊的線索，但觀眾依然喜歡！為什麼？因為一致性。她說她很害怕、焦慮、緊張，而她表現出來的也確實如此。

當危險區塊的線索和語言內容不相符時，你就要注意了。這需要進一步觀察。

我的經驗法則是尋找**一組（三個）**危險訊號。一個危險訊號可能是意外，可能是跟上下文有關，也可能是碰巧——有人摸脖子可能是你沒看到他被蚊子叮了，有人雙臂交叉可能是因為他會冷，有人的輕蔑神情可能是內心突然想到什麼，與你無關。但在同一個主題下如果連續出現三種不一致的非語言線索，你就要注意了。

研究證實，在語境中尋找一組線索是準確評估他人真實感受最保險的方法。例如，有一名研究人員發現，當受試者隱瞞訊息時，他們會表現出一系列特定的非語言線索：身體轉動（保持距離）、前後搖晃和搖頭。

原則

尋找多項線索避免誤判。

本章任務

非語言線索到此就要告一段落啦！以下是本章中的所有熱情線索與能力線索：

現在可以分析「對我說謊」的影片了！點開影片，利用下表標記出你看到自己出現危險訊號線索的時刻。

這能幫助你判斷在回憶狀態（問題一），感到尷尬（問題二）和說謊（問題三）的編碼過程——甚至你只是在思考（答案之間）的表現都能看出來。

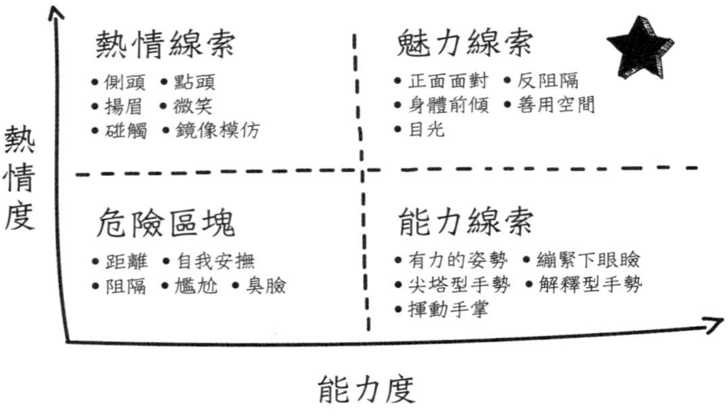

	問題一	問題二	問題三
抿嘴			
距離			
通氣			
安撫姿勢			
整理動作			
觸摸胸骨上切跡			
阻擋身體			
阻擋嘴巴			
阻擋眼睛			
尷尬			

	問題一	問題二	問題三
憤怒			
張大鼻孔			
悲傷			
撇嘴			
輕蔑			
加標點符號			
其他			

額外挑戰：邀請你認識的五個人一起玩「對我說謊」的遊戲。看看他們是否願意錄製影片，然後你們可以一起發現和記錄彼此的祕密。

PART 2

聲音、語言和意象暗示

聲音線索

CHAPTER 7 如何聽起來更有力量

「卡麥隆，你來自哪裡？」勞倫問。
「我來自緬因州。」卡麥隆回答。
「我之前沒認識過緬因州的人。」
「我是你唯一需要認識的。」
勞倫大笑。「哈哈，我喜歡你這麼說。」
勞倫・斯皮德（Lauren Speed）和卡麥隆・漢密爾頓（Cameron Hamilton）正在進行「盲約」——沒錯，就是字面上的意思，看不到對方的約會。他們參加網飛的相親真人實境秀《盲婚試愛》（*Love Is Blind*），節目中有三十位單身男女會在不同的「愛巢」進行快速約會，在看不見彼此的情況下聊天，並在節目最後決定是否要訂婚。聽起來很瘋狂，是吧？我也這麼覺得，但神奇的事情發生了。

勞倫和卡麥隆很快就來電。第一次約會後，他們的關係已經很牢固了。

「天啊，我真想再多知道一些關於妳的事。」卡麥隆說。

「我知道，我喜歡你。」勞倫說。

「我也喜歡妳。」

「我也喜歡你的聲音，聽起來很可愛。」

兩人都曖昧地笑著。

在接下來的幾天裡，卡麥隆和勞倫進行了多次的「盲約」，在一牆之隔的情況下，僅憑聲音聊天更進一步認識對方，沒有肢體語言，沒有非語言線索，沒有碰觸，沒有眼神交流，就只有聲音。

在認識的第四天，兩人彼此示愛。

在認識的第五天，卡麥隆說：「她就是我要找的人。我要向她求婚。」

當天稍晚時，他求婚了。

勞倫的答案是「我願意」。你沒看錯。他們在沒見過面的情況下決定在一起……**在聽了彼此聲音的五天後**。

在我寫下這段文字時，他們已經結婚兩年，現在生活很幸福。

我們可以從聲音聽到什麼線索？為什麼我們會喜歡某些聲音更勝過於其他聲音？你的聲音透露出關於你的什麼事情？我們來聽聽看吧。

★聲音的力量

我們說話的方式——語調、音量、語速、句法和抑揚頓挫——和內容一樣重要。從一個人的聲音中可以知道許多訊息，包括情緒狀態、意圖和個性。

聲音也能很好地反映出一個人的內心狀態，因此現在有些公司會在法說會上使用聲音分析軟體來預測一間公司的財務前景。當經理人的聲音更積極、更有自信時，分析師對該公司的股價前景也越看好。

聲音的力量會轉化成賺錢的能力。

想知道別人對你、對你工作、對你項目的感覺，利用聲音線索是非常重要的。

有趣的小技巧

格鬥的聲音

有一項針對綜合格鬥選手發聲的分析發現，從咆哮強度可以預測格鬥能力。

有一項研究讓我大開眼界。研究人員錄下了外科醫生在看診時與患者的談話內容，然後以十秒鐘為單位，剪輯了許多片段，並且打亂內容，受試者只能聽到高音、音量和節奏等聲音線索，但聽不到任何具有實際意義的單字。他們試圖測試在不考慮說話內容的前提下，單就聲音線索會產生什麼影響。

接著，研究人員要求受試者對外科醫生的熱情、不友好、主導性和焦慮程度進行評分。想像一下，你必須根據一段沒有實質內容的錄音來判斷一個人的能力或熱情。而該研究的受試者就只能靠聲音對每位外科醫生進行評分。

接下來才是最讓人震驚的：聲音力量得分較低的醫生被提起醫療訴訟的機率也較高。換句話說，我們不是根據技術水平控訴醫生，而是根據對其技術的感受——在聽到他們說話後的短短幾秒鐘內做出判斷。

那麼，是什麼原因讓一個具備專業能力的醫生聽起來是如此不稱職、不可靠或危險呢？又是什麼原因讓某些醫生的聲音聽起來很自信、有力量和值得信賴呢？

有魅力的聲音是有效存在的關鍵因素。如果你想要表現出自信和專業的形象，你必須善用有力的聲音。我們先從表現能力和自信的聲音力量線索開始。在下一章中，我們會提供讓聲音聽起來有熱情和值得信賴的線索。

★聲音的力量一：如何聽起來更有自信

「一開始妳會害怕面對觀眾嗎？」六度獲得艾美獎的演員艾倫．艾達（Alan Alda）問傳奇喜劇演員貝蒂．懷特（Betty White）。

「我還是會怯場。」懷特說。

艾達還想知道她緊張時會怎樣。「妳的心跳加快了嗎？聲音變了嗎？」艾達問。

「是，是的……」懷特接著刻意讓聲音提高了幾個八度，變成了高音。「哈囉？」她尖聲說，「嗨，大家好嗎？我很……我很……很高興來到這裡。」

艾達和懷特都笑了起來。

在緊張或有壓力時，我們的音調會提高，我稱之為**緊張高音**。

還記得擴展線索嗎？身體在焦慮時會收縮——收下巴、繃緊脖子、咬緊牙關、雙臂交叉、身體緊縮或縮肩。這些收縮行為會影響空氣吸入，肺部空氣減少，也就難以發聲。這就是為什麼在緊張時，我們的聲音會嘶啞或音調變高。

有自信的時候，我們會把肩膀往後拉，抬頭挺胸，環顧四周，並且展開雙臂。這能放鬆和擴張說話時所使用的肌肉——肺部、隔膜、聲帶、頸部、喉嚨、嘴巴和舌頭。

我們來做個實驗。首先，請你以當下正常的狀態說：「我很高興來到這裡。」

接著，請你收縮身體，盡量不佔空間。雙臂交叉，收下巴，收緊所有肌肉，包括下顎和嘴唇。

現在試著再說一次：「我很高興來到這裡。」聲音是不是變小了？盡量大聲點。（希望你周圍沒有別人，如果有人的話，邀請他們一起做吧。）

蜷曲的姿勢很難大聲說話，對吧？

接下來，盡可能地展開身體。肩膀往後，深吸一口氣，擴張肺部，放鬆下巴、嘴唇、肩膀和脖子。

現在說：「我很高興來到這裡。」聽起來有沒有好一點？

盡量大聲說出來。你還可以再大聲點，對吧？

身體佔據的空間越大，聲音就越自由。

你佔據的空間越小，聲音中的自信就越受限制，聽起來就更緊張，人們也很難對你說的話有信心。

我們會出於本能不信任說話語調緊張的人。我們在想，如果這話不能信，是否也該對說話者有所警惕？緊張的音調也可能是說謊的訊號。有個研究小組發現，受試者在沒說實話的情況下，他們會不知不覺提高語調。

有趣的小技巧

嬰兒

有種情況下高音很討喜。嬰兒更喜歡和用高音說話的大人有互動，這可能就是為什麼大人在逗嬰兒時，會出於本能地提高音調。

雖然聽到緊張高音會讓人不舒服，但我們卻很喜歡聽到**自信音調**。當我們使用最低的舒適音調時，展現出的是自信。在這裡有個重要區別。自信音調不是要把聲音音域壓到最低，而是你可以舒服使用的最低音調。

研究人員發現，降低說話音調會讓人覺得你更有力量。他們也表示，當受測者以舒服使用的最低音調說話時，他們覺得說話者更有力量，思維更深奧。多麼容易放開思維的方式啊。

現在，我喜歡用舒服的最低音調說話，但不要太低！現已倒閉的醫療科技公司「Theranos」，其創始人伊莉莎白・霍姆斯（Elizabeth Holmes）就是以低沉的男中音聞名。她的許多前同事都說那是假的。根據《*The Cut*》雜誌報導，她經常在喝醉時「脫離角色」，露出真實的高音。

如果用低沉的音調感覺不自然，那就是太低了！有兩種方法可以保持自然：空間和呼吸。

◎怎麼做：

● 第一步：調整姿勢

你可以同時修正聲音自信與肢體自信！利用先前學過快速調整姿勢的方法。提醒一下，盡量拉開肩膀頂部與耳垂之間的距離。腳距比平常多打開七、八公分。雙手放輕鬆，與肩膀平行。

● 第二步：吐氣時說話

深呼吸是讓聲音聽起來有自信的最快方式。在吸氣吸到最飽滿時盡量不要說話，而是深呼吸一口氣，在吐氣時說話。

原則

利用空間和呼吸在自然情況下使用最低音。

★聲音的力量二：得到認真對待

幾年前，我為一家大型商業軟體公司提供諮詢服務，改善他們的銷售漏斗。我們一一檢視該公司電子郵件的行為線索、電話中的聲音線索，以及商業展覽中使用的非語言線索。在此過程中，幫助一名內部銷售代表是我最喜歡的環節，我們先叫這個人艾略特吧，當時他的轉化率是整個團隊最低的。

艾略特是個好人，但最大的問題是：拿不到訂單。

他很有魅力，對產品也很了解，那就肯定是非語言線索出錯了。客戶和同事都很尊重他、喜歡他，但他本人和經理們都很納悶為何無法完成銷售任務，就算拿到訂單也是因為提供了各種折扣。聽過幾段銷售電話錄音後，我立刻發現問題所在。

他的整體音調都很棒，聲音低沉且魅力十足。然而，在最重要的出價階段，他都會放棄聲音的力量。每次艾略特一說到價格都會出現**問句語調**，也就是在句尾時音調上揚。

艾略特會說：「很高興能與您合作。」然後接著說：「我們的服務價格是五百美元？」

We'd love to have your business. The price of our service is $500.

很高興能與您合作，我們的服務價格是五百美元？

艾略特聽起來不是在報價，而是在詢價。這也引發潛在客戶的質疑，進而要求折扣，和他討價還價。因為艾略特在無意中使用問句語調，提供客戶對價格質疑的線索。

艾略特報價時，消費者的接收訊息方式發生變化。研究人員發現，在陳述中使用問句語調會讓大腦從聽取接收轉向仔細思考。在陳述句中誤用問句語調，就會顯出說話者的弱點和不確定性。

說謊者經常不小心使用錯誤的問句語調，因為他們在潛意識裡想問對方：「你相信我嗎？」在反常情況下聽到問句語調時，就要注意話裡是否有不誠實的成分了。

艾略特的生意都毀在了關鍵時刻的問句語調，他一開始建立的和諧關係和可信度，就在他使用錯誤語調的那一刻全消失了。

幸好，這一點很容易改過來。艾略特發現，當他用中性語調報價時，結果出現了巨大的變化。不僅阻力降低，討價還價的情況漸少，還拿下了更多生意（耶！），他對自己的報價感到更有信心了。接下來就是良性的線索循環。

當你誤用了問句語調，你就是在邀請對方質疑你的能力。我經常在人們討論自己和自己的想法時聽到這類語調。例如在語音留言時，有人會說：「嗨，我是莎拉？很高興你來電？我晚點回電給你？」

Hi, this is Sarah? So glad you called? I'll get back to you soon?

嗨，我是莎拉？很高興你來電？我晚點回電給你？

也有人在開場時說：「開始吧？先來談談新項目？我們先開始？」

Let's get started? Today we are going to be talking about the new project? I'm going to kick us off?

開始吧？今天我們要先談談新項目？我們先開始？

我也聽過有人在分享意見時說：「我有個想法？我下了很多功夫？我覺得會更有效率？」

I have an idea. I was thinking we could do this part first? I think it will make us all more effective?

我有個想法。我想我們可以先從這部分開始？我覺得會更有效率？

如果你的陳述帶著問號，無疑是讓別人懷疑你。**無論你多自信，用問句語調說話就是會降低別人對你的信心**。如果希望他人能重視你、相信你的話，請告訴他人你的想法，而不是詢問他們。

◎行動步驟：

- 聽聽你的語音信箱。你是否使用問句語調呢？錄下來！
- 聽聽你之前做簡報或視訊電話的錄音，是否曾在陳述時或與特定人士互動過程中無意間使用了問句語調？
- 如果你有重要事情要說或想強調想法，練習不要使用問句語調。

原則

如果希望別人不要質疑你，請避免在無意中使用問句語調。

★聲音的力量三：消除氣泡音

你有聽過所謂的氣泡音嗎？就是指某人的聲音嘶啞、吱吱作響，聽起來很刺耳。之所以叫做氣泡音，就是因為聽起來像是煎培根時煎鍋裡吱吱響的聲音。

氣泡音，有時又叫喉嘎音，是無論男性女性都會有，但在年輕女性中較為常見。研究人員發現，氣泡音是快速破壞職場成功的方法之一，因為這種聲音代表焦慮，讓你個人和你說的話都大打折扣。**氣泡音形同直接扼殺能力**。

為什麼會有氣泡音？因為人們在焦慮下很難深呼吸，沒有足夠空氣進入聲帶就會產生氣泡音。呼吸時聲帶會張開，說話時氣流與聲帶邊緣產生震動摩擦。如果說話時沒有足夠的空氣，聲帶無法有效摩擦，就會發出一連串像冒泡泡的低弱聲音。使用氣泡音時，就好像你聽到某人的聲帶在相互摩擦。聽起來很讓人發毛吧？

氣泡音聽起來就像指甲在黑板上劃過，會讓聽眾覺得刺耳並引發焦慮。這是有原因的。這是危險區塊的線索，代表缺乏自信與能力。有自信、有能力的人會有足夠的呼吸與空間，不太可能發出氣泡音。

當你用氣泡音說話，人們很難正視你、聽你說話及相信你說的話。而且通常都是無意間發生的！氣泡音最常出現在連寫句的尾音，因為一長串的句子說完時，你也快沒氣了。

我們在緊張時往往會加快語速，試圖把所有的想法在一大口氣中說完。

我注意到有種最糟的情況是，有時候一個人試圖讓自己聽起來很隨意、無所謂或隨和時，卻誤用了氣泡音，以為聲音強度降低，給人的壓力也越低。別被騙了！**氣泡音不是表示你很放鬆，而是一種自我意識的訊號**。

好險，有個簡單的解決辦法。**如果你聽到自己發出氣泡音，請深呼吸，說話稍微大聲點**。

提高一點點音量就是擺脫氣泡音的最快方法，也是讓聲帶自然發聲最簡單的方式。

如果你身邊的人發出氣泡音怎麼辦？請他們大聲點，氣泡音立刻就消失了。

◎行動步驟：

- 縮短句子長度。
- 避免語速過快。
- 提高音量或多呼吸。

原則

氣泡音會降低你的聲音自信。

★聲音的力量四：控制聲音代表控制情緒

收到觀眾寄來的「對我說謊」影片後，我和團隊成員注意到，許多說謊者除了會拉高音調，也會降低音量。回頭看看你自己的影片，你有沒有降低音量呢？

有趣的小技巧

兩個真相與一個謊言

你有沒有玩過兩個真相與一個謊言的遊戲呢？這是測試識人能力的好方法。告訴你一個內行人判斷謊言的小技巧：人們在說謊時經常會降低音量（或用問句語調）。

說謊者會在不經意間降低音量，主要是因為緊張、對自己所說的話缺乏信心，以及不想別人聽到自己的謊言——免得被抓到。

這也是為什麼我們對說話音量較大的人會更有信心的原因之一。很意外嗎？研究證明，我們更喜歡說話大聲的一方。在「聲音如何說服他人」的研究中，研究人員考察了具有說服力的人是如何使用副語言——音量、音頻和語調——來影響他人。他們發現，有力且自信的說話方式代表一個人強烈支持自己的論點，也才更能說服別人。

最厲害的溝通者說話會比較大聲，音量也會有所變化。音量是影響力量表現的關鍵因素之一，需要呼吸和擴展身體才能大聲說話。

有趣的小技巧

內向者的音量

你很內向嗎？不知道該如何大聲說話嗎？如果這說的就是你，放心吧，你不是唯一一個。不用一下子就很大聲說話，只需要在你想強調的重點稍微調高音量即可。

事實上，這招比一直大聲說話更管用。內向者也可以試著傾身向前或靠近一點；拉近距離也能讓人聽得更清楚。

提高音量對你和他人也有各種非語言的好處。如果讓某人提高音量，他們會：

- 坐得更直（擴展線索）。
- 深呼吸，舒緩緊張。
- 定住雙腳（擴展線索）。
- 仰頭或抬起下巴（點頭線索和擴展線索）。
- 清理喉嚨，擺脫氣泡音。

這代表說話越大聲越好嗎？不是的！真正的聲音力量來自對**聲音動態**的掌握能力。控制音量代表控制訊息，必須有足夠強大的能力才能讓說話音量和內容相匹配。當溝通大師要表現出興奮心情時，他們會大聲說話；當他們想要分享祕密或內幕消息時，他們會小聲說話，讓聽眾靠過來。

◎行動步驟：

- 當你對某事有熱情或感到興奮時，大聲說出來。用音量為你的內容加分。
- 與他人分享內幕消息或祕密時，降低音量、傾身向前。
- 要強調同意想法或鼓勵他人時，用比平常大一點的音量說「好」或是「我同意」。

原則

調整音量來強調何為重點。

★ 聲音的力量五：停頓的力量

在二十七歲之前，我非常喜歡在言談之間加入填充詞。更具體來說，就是我在緊張、思考、等待或拖延時，就會加些「嗯、啊、所以、就是、你知道」這類的無意義字眼，有時甚至就是脫口而出。

口頭的填充詞會破壞你的可信度。有一項研究顯示，聽眾認為過度使用填充詞的講者準備不充份，能力也不足。

另一項研究要求受試者聆聽並回顧關於英國脫歐的演講，其中有一場演講並沒有填充詞，但內容全是編的；而另一場演講說的全是事實，但講者使用了許多填充詞。結果顯示，即便講者說的都不是事實，但聽眾也認為這樣的講者比使用填充詞的講者更有能力，交際能力和吸引力也更高。最令人意外的是，**百分之五十七**的受訪者認為沒有使用填充詞的講者必定是受過高等教育，哪怕他們說的內容全是錯的！至於內容準確但說話充滿填充詞的講者，只有**百分之三十六**的受試者認為他們有接受過高等教育。

有趣的小技巧

填充詞 App

我強烈推薦一款叫Ummo的應用程式。Ummo會計算你說話時使用填充詞的數量。如果你想練習演講，或有重要談話，或想知道你使用填充詞的時機及原因，可以好好利用這款應用程式。

使用填充詞有兩個主要原因。第一，拖延時間，思考接下來要說什麼。第二，害怕說話被打斷。你有沒有擔心過，如果話說到一半停下來，別人可能會以為你說完了而打斷你？我稱這種現象為**對話缺口**。當我們認為缺乏足夠時間或注意力的情況下，自然就會使用空洞的詞語來填補觀點，這也是為什麼有時人們前一秒還飛快吐字，下一秒就結結巴巴說不出話。

這裡有個問題：你可能會發現，用的填充詞越多，被打斷的次數也越多。人們彷彿能察覺你缺乏自信，因而不想浪費時間聽你說話。

有辦法改善口頭上的填充詞嗎？有的！停頓的力量。

停頓既能顯示能力，也能表示信心。對自己說話內容有信心的人不需要滿嘴空話，並且會知道聽眾在等著他們把話講完。

最好的停頓線索是**呼吸停頓**，也就是你停下來，並且吸一口氣。這一點很重要，因為你停頓的時候有事情可做。

深呼吸有許多好處：

- 保持音調沉穩。
- 避免發出氣泡音。
- 在必要時提高音量。
- 能讓你有時間思考需要什麼。
- 讓你聽起來、看起來更加自信。
- 當然，還能幫你說話時避免使用填充詞。

每當填充詞要脫口而出時，先深呼吸。

萬一你不小心使用了填充詞，別擔心！不要有任何反應，更不用道歉。在說出填充詞之後吸一口氣，這是一種慢慢訓練大腦的方式，告訴它應該要暫停一下而不是加填充詞。

以下是練習停頓的方法：

1. 簡短為上

簡短停頓最好。有位研究人員發現，談話過程中如果停頓時間過長會影響理解，但短暫停頓卻是非常有幫助──有利於處理訊息。

怎樣算太長？四秒鐘。

多久比較適合？約四分之一秒到半秒。

幸運的是，四分之一秒到半秒剛好夠吸口氣。

還有一件更有趣的事。上述的研究人員還發現，我們會根據談話對象的停頓方式來調整自己的停頓，這是一種停頓鏡像。如果對方停頓時間較長，我們也會有較長的停頓時間，反之亦然。

如果有任何不確定，也可以利用停頓線索觀察。

2. 停頓之間，慢慢地說

把你想講的觀點快速說完是最好的方式嗎？研究發現，這樣並不管用。

布朗大學（Brown University）的研究人員認為，無論你說得快或慢，訊息傳遞的速度是相同的。為什麼會這樣？因為在每一次飆語速的過程中，說得越快，有效訊息越少。

填充詞會對你的能力構成傷害，因為它能讓你說得更快，但不一定更好。放慢語速有助於提高理解，並且讓他人覺得你很有能力。

底線：放慢語速展現能力。用呼吸做停頓是讓自己慢下來的最佳方式之一。

有趣的小技巧

反問

另一個有效的停頓點是在反問句之後。研究人員發現，在提出反問句後等待五到七秒的時間，有助於鼓勵聽眾思考、找出答案，然後積極參與後續討論。我演講時就很喜歡在提出反問後暫停片刻，接著利用這機會喝口水。這有助於我自己和聽眾消化訊息。

3. 有力的停頓，但不要用停頓結束

之前，我常在說完想法或句子後稍作停頓，往往就讓聽眾誤以為我說完了，所以他們

會「打斷」我。他們不是故意那麼沒禮貌，只是在回應我釋放的線索。**結尾停頓**表示你已經說完了一個觀點。

最好的停頓方式是引發好奇心。就在你準備給出答案、透露想法或說出妙語之前先停頓片刻，這就是我所謂的**有力的停頓**。這能引發聽眾的好奇心和興趣，確保大家不會誤以為你說完了。

仔細看看有力的停頓和結尾停頓有何不同。

「我發現有些奇妙的事情改變了我對世界的看法。〔停頓〕這要從我小時候說起。」哪怕我還沒講完，在看法二字說完之後停頓，聽眾就會想開口發表意見了。

有力的停頓點在：「我發現有些奇妙的事情〔停頓〕改變了我對世界的看法。這要從我小時候說起。」

兩種都是停頓，但後者不易被打斷，還能引發好奇心。

有趣的小技巧

不好的行為

在另一種情況下，有力停頓是個好方法——用來突顯不好的行為。當有人衝你發火或說些不好聽的話時，不要本能直接反擊。先深呼吸，讓一切懸在空中。我發現這會讓對方暫停片刻，接下來通常會收回說過的話，道歉，或是三思而後行。

壞消息是：你很難永遠擺脫說話時的嗯嗯啊啊，但還是可以大幅減少使用的頻率，方法如下：

◎行動步驟：

- 找出使用填充詞的原因。拿出你最近演講或是開會的錄音（或是錄下電話談話內容），注意自己何時使用了填充詞。
- 你是否使用填充詞來拖延時間？這代表你要找出其他的表達詞語或故事。
- 你是因為擔心說話被打斷才使用填充詞嗎？這說明你要多使用有力停頓的方式，整體語速放慢。
- 你是因為不確定什麼事情才使用填充詞嗎？這代表你要多多練習，熟悉說話內容。
- 你使用填充詞是出於習慣嗎？這可能是最難改變的！不過，下次說完填充詞之後，先吸口氣、暫停片刻。或許需要一點時間大腦才會重新運作，但絕對管用。打電話的時候，你也可以在電腦上貼便利貼，在說話過程中看看便利貼，提醒自己放慢語速，並在必要時稍作停頓。

原則 有力的人會刻意停頓。

★ 聲音帶來力量

當你想問某人問題時，你是傾向於：

打電話還是發簡訊？

打視訊電話還是發電子郵件？

傳訊息還是走到對方辦公室？

如今，我們越來越常透過短信、電郵和聊天方式交流。在多數情況下，這樣都沒問題，簡單又有效率。

但在重要時刻，能讓你的聲音發揮力量總是更好。心理學研究人員尼克．埃普利

（Nick Epley）和茱莉安娜・施羅德（Juliana Schroeder）發現，一個人的聲音裡暗藏著性格線索。

他們讓兩組受試者對求職者的能力、思維和才智進行評分。一組是閱讀求職者的工作履歷，另一組則聽著求職者大聲讀出一模一樣的履歷內容。

在實驗開始之前，求職者不認為履歷用說或用寫的會有任何區別。但實際上是有的——而且區別很大！聽到求職者聲音的受測者認為他們更有能力、更有思想、更聰明——儘管跟書面內容一模一樣。單單只是聽到求職者聲音就讓受測者更喜歡他們，也更想雇用他們。

埃普利和施羅德在《財富》五百強公司的人才招聘中也發現相同情況。

聲音會帶來力量。聲音展現了你的自信、能力和才能。在重要的時候，請使用你的聲音。

本章任務

如果你想聽起來更有能力，得到別人的重視，避免說話過程中被打斷，請多加使用以下五種聲音線索。請將以下線索加入你的線索圖中吧。

線索	解碼	編碼	內化
低聲	你身邊有沒有人都用高音說話？聽起來感覺如何？	下次打電話，試著用有力的姿勢站著。會比較容易把話說明白嗎？	你喜不喜歡自己的聲音？試著找出最舒服的說話方式。
問句語調	誰會在陳述中使用問句語調？是因為緊張還是習慣呢？	試著用中立語調或語調向下的方式陳述重大新聞、價格、時間線或命令。	你何時會使用問句語調？是因為緊張還是習慣呢？
氣泡音	你身邊有人用氣泡音說話嗎？你要如何幫他們調整過來？	每次你聽到自己快要出現氣泡音時，試著放慢速度，吸口氣，暫停片刻。	你緊張時說話是不是很快呢？緊張時呼吸是否變淺了呢？試著辨識自己緊張的聲音。

音量	你身邊有沒有人需要你一直提醒他說話大聲點？說話溫柔點？這說明了什麼性格呢？	跟身邊不同的人討論不同話題時，試著改變音量。這樣有助於你表達想法嗎？	你能舒服地用大聲點的音量說話嗎？如果不行，那就別這樣做。
呼吸停頓	誰說話太快了？誰說話太慢了？這會怎樣影響你對對方的印象呢？	試著停頓幾次，看看感覺如何。你說話是否放慢了？更有自信了？	你說話太快嗎？太慢嗎？為什麼？

額外挑戰：重看一次你的「對我說謊」影片。你是否有出現說謊的聲音線索？你對自己的謊言有疑問嗎？你會降低音量嗎？你的聲音可能說明一切了！

CHAPTER 8 如何聽起來更有親和力

她因為強硬且不妥協的領導風格被稱為「鐵娘子」，是二十世紀英國第一位女首相，也是在位時間最長的首相。儘管如此，柴契爾夫人在說話聲音方面仍有強化的空間。「她有個問題，聲音都是從胸腔上方出來……聲音聽起來有點嚴厲、有點專橫、有點跋扈。」柴契爾夫人的首席顧問之一蒂莫西・貝爾（Tim Bell）回憶說道。在競選首相之前，顧問曾讓她與知名演員勞倫斯・奧立佛（Laurence Olivier）學習改變發聲方式，奧立佛教她如何配合呼吸自然地降低音調。此一作法雖有幫助，但沒有解決問題。

柴契爾夫人在下議院發言時經常被打斷，甚至被忽視。在議員向政府官員質詢的提問時間時，她的表現尤其糟糕。質詢期間現場可能會很鬧騰、吵雜，這也是讓柴契爾夫人最頭痛的事情。在她試圖回應時，音調會變得很高，聽起來更緊繃。

這是常見的困擾。如果想讓別人聽到你的聲音，或是想要聽起來更有自信，我們會提高音量。但要大聲說話需要吸更大口氣。結果就是聲音要嘛刺耳，要嘛尖銳，要嘛音調太高，要嘛出現氣泡音（既不響亮也不有力）。

女性面對的挑戰更大，社會學家安妮・卡爾夫博士（Dr. Anne Karpf）表示：「人們對女性聲音有偏見，認為女性的聲音刺耳、情緒化、缺乏權威感。」

那能怎麼解決呢？劇作家羅納德・米勒（Ronald Millar）讓柴契爾夫人降低音量，放慢語速，讓她的聲音能在嘈雜聲中傳出來、被聽見。

這是在政治史上最偉大的變聲行動之一，也是頭一回。一九七五年，柴契爾夫人當選首相，也繼續發揮聲音魅力。在對全國民眾發表演說的節目中，她運用了一種獨特的發聲技巧。如果需要展現悲憫的聲音，她就會喝一杯蜂蜜水放鬆聲帶；如果需要展現活力熱情，她就會喝冰水。（很有趣，真的管用，你可以試試。）

這讓柴契爾夫人成為一名傑出的溝通者——她用聲音展現能力和熱情。

請記住，最佳的溝通者懂得調整自己在魅力量表上的落點區。他們會保持在魅力區塊，但會根據目的決定是要展現多一點能力還是多一點熱情。

在第七章提過使用聲音能力的線索——壓低語調，使用不同音量，適時使用問句語調，增加呼吸停頓，避免出現氣泡音。

那該如何使用熱情線索呢？如何在聲音中增加人格特質？要怎麼讓聲音聽起來更動態？我們一起來學習熱情的聲音線索吧。這一切都得從你打招呼說哈囉的方式開始。

★熱情聲音線索一：留下難忘的聲音印象

研究人員發現，人們在你一開口後的兩百毫秒就決定了你自不自信。這意味著你說出第一個字的同時也就留下了聲音的第一印象，而這個字往往是「哈囉」、「嘿」或是「嗨」。

問題來了：我們在準備面試、簡報或開會時，滿腦子想的都是證書、成果或故事，卻很少會練習如何開場，也因此錯過了能把握住的機會。

幾年前，我想知道情緒會如何改變聲音——尤其是會如何影響打招呼。於是我們分兩階段進行了一項實驗。

首先，受試者需錄製六種不同的打招呼方式，請你也試著做一遍。

1. **正常版：**以正常接電話時的方式打招呼。這是在控制下的打招呼方式。

2. **快樂版：**想件快樂的事情，帶著真正的笑容打招呼。
3. **傷心版：**想件難過的事情，帶著悲傷的表情打招呼。
4. **生氣版：**想件生氣的事情，帶著憤怒的表情打招呼。
5. **有力姿勢版：**像超人一樣雙手叉腰，用擴展姿勢打招呼。
6. **正常版：**暖身過後，再次用正常的方式打招呼。

雖然是同一個人在說話，但每次打招呼聽起來明顯都不同。我們想知道，你能根據對方打招呼的方式決定喜歡他的程度嗎？我們邀請數千名的受試者對每段錄音的喜歡程度進行評分。

結果證明，你可以做到，而且確實做到了。

我們在統計結果時發現了一個明顯的模式。猜猜哪個版本最受歡迎？哪個版本得分最低？

傷心版是最不討喜的，接著是生氣版。

這是什麼意思？意思是心情不好的時候別接電話！**煩躁會改變你的聲音**。（我用女兒的照片當手機桌面，如果在我心情不好又非得接電話時，我就會先看一眼女兒的照片，釋放出一點愛意。）

在討喜度上，正常版和快樂版的得分不相上下。這是個好消息！這意味著你在接電話時不用刻意製造笑容（尤其是假笑）。正常或正面積極的態度都可以。

有趣的小技巧

你喜歡自己的聲音嗎？

聽到自己的聲音時，你會不好意思嗎？你心裡有沒有一個聲音在說：我的聲音真的是這樣嗎？我們的聲音聽起來跟自己認為的不一樣是有科學依據的。平常我們聽到自己說話聲音時，因為聲音是透過骨骼傳導，聲音聽起來較低，但聽錄音時聲音就變高了。聲音也會暴露焦慮程度、憤怒程度以及想要隱藏的性格特徵。

在這實驗中還有一個大驚喜。擺出有力姿勢的打招呼方式討喜度並不高，只比生氣版好一點點，排在正常版和快樂版之後。

為什麼會這樣？我們喜歡自信，但有力姿勢有時難免會有點咄咄逼人的感覺。驕傲可以讓人感覺很強大，但有時也令人生畏。

這也是個好消息：講電話時你就不用像超人或洛基那樣站著。只要吸入足夠的空氣就行了。

說到呼吸，人們經常在打招呼時屏住呼吸，這是不對的。

聽到電話響時，你當下是什麼反應呢？我發現我會快速吸口氣，憋住，然後接起電話。這過程有時會持續幾秒鐘，因為我在找電話。這也導致在接聽電話的那一刻，因為快沒氣了，聲音又小又緊繃。事實上，透過電話錄音發現，我說出「喂？」的那一聲是通話過程中音調最高的一次字！

我和銷售一起工作時也發現了相同情況。當你打電話給別人，在等待對方回應時，或是在你特別緊張的時候更是如此。

打招呼時別憋氣。

試著練習在吐氣時打招呼。這有雙重作用，既能放鬆身體，也能有充足呼吸，讓你聽起來和感覺起來都更有自信。

無論是面對面、透過視訊電話或打一般電話時都要記得這麼做。有自信的打招呼在任何場合都管用。

原則　別在心情不好時接電話——慗氣時也不要。

◎何時打招呼：

- 深呼吸一口氣。
- 自我檢查：你是在可以接電話的狀態嗎？可以就接，狀態不好的話，考慮晚點回電。
- 如果你很高興能跟對方說話，請微笑。如果不是的話，保持中性表情即可。
- 在吐氣時說第一句話。

★熱情聲音線索二：友善的聲音

與人互動時，大家心裡都有一個沒說出口的祕密問題：這是我該待的地方嗎？下一個問題是：有人希望我在這兒嗎？

你的聲音所傳遞出的安全感和歸屬感是歡迎對方的最好方式。

要怎麼做呢？使用**熱情線索**。用一些簡短的表達來表示很高興看到對方，顯示他們的到來激發了你的熱情。以下是我喜歡用的表達方式：

- 聽到你的聲音真好啊！
- 我一直在等你打來。
- 這真是個美麗的驚喜。
- 真高興你打來了。

這些話是很簡單，但我保證聽到的人會很安心。在你聽出來電者是誰之後，你也可以使用熱情線索進一步表示：

- 哈囉，朋友！很高興你打給我。
- 哈囉，〔名字〕！很高興接到你的電話啊。
- 嘿，看到來電顯示是你我真高興。
- 嗨，〔名字〕！你最近有啥好消息？
- 嘿，好久沒聽到你聲音了啊。

正如在先前的線索中提過，微笑會讓你的聲音聽起來更快樂、更討喜。然而，在職場上如何微笑也是一門學問。你要如何在日常工作中，甚至是無聊的電話中表現出真實的微笑？很簡單！使用熱情語言。

當你說「很高興聽到你的消息！」或「大夥兒，週一快樂！」或「早安！」這類的話時，要露出真正的笑容就比較容易了。在你展開對話時加入這幾句話，從一開始就使用熱情的聲音。以下是其他類似表達：

- 大家週五快樂。
- 很高興來到這裡。
- 很高興見到大家。
- 很高興聽到你的消息。
- 外面天氣真好啊。
- 你那有什麼好消息嗎？
- 早安。
- 午安。
- 晚安。

★口頭擁抱

隨著電子化的交流形式越來越普遍，我不禁擔心人與人之間面對面融洽交流的感覺是否會消失。我們能在電話或視訊中複製握手帶來的溫暖嗎？我和保羅・扎克（Paul Zak）博士合作尋找答案，設計出一套實驗，想看看使用熱情的語言線索是否能產生與非語言線索類似的效果。如果我們口頭上說來個擁抱或擊掌，是否能帶來跟真正擁抱或擊掌一樣的效果呢？

我們在實驗中發現，口頭上的熱情線索也能拉近人與人之間的關係。例如：

- 我要給你一個虛擬擁抱！
- 來個電子擊掌。
- 我要在鏡頭前跟你碰拳。
- 送上我的臉頰吻。

我們透過智慧型手錶的皮膚傳導功能發現，人們在聽到熱情的語言線索後，他們投入參與的程度會高於標準的開場白（例如「謝謝你的到來」或「很高興看到你」）。

增加聲音熱情的簡單方法是：把熱情的非語言線索化為文字。如果你想擁抱對方，說出來。如果你想親自和對方握手，說出來讓對方知道。如果我想在電話或視訊通話中，甚至是短訊或電子郵件中表現更熱情時，我就會這麼做。

有趣的小技巧

流感季節

不想與人接觸嗎？在新冠疫情期間要保持社交距離時，我見到同事和朋友就會直接說「隔空來個擁抱吧」或「來個隔空擊掌吧」，這通常會有「笑果」，還增加了一點熱情成份。

原則

用表示同意、真誠的快樂和聲音的擁抱來溫暖他人。

★熱情聲音線索三：如何聽起來更有趣

你有沒有覺得人家不搭理你？或者更糟，覺得你很無聊？呃，我知道那種感覺！好消息是：這跟你說話的內容關係可能不大，而是跟你的表達方式有關。別擔心，這很容易調整！

聽別人說話時，我們在聽兩件事：**自信和情緒**。

- **自信**是力量線索。這能讓別人認真看待你的存在。低沉而正確的語調是在告訴別人：**我對自己所說的話感覺良好，希望你聽起來也是如此**。
- **情緒**是展現熱情的方式，讓別人覺得你很有趣。聲音的變化以及從聲音傳遞的生動性格是在告訴別人：**我要說的事情真的很有趣，你應該聽一聽**。

我們會以**聲音變化**的線索來表達情緒。研究人員發現，大腦只需要十分之一秒就能識別出聲音線索中所傳遞的情緒。這也是我們與他人交流情緒、心情和態度的主要方式之一。

許多專業人士認為情緒會阻礙訊息傳遞，但事實正好相反。

情緒能抓住人們的注意力，讓他們願意聽下去。充滿情緒的文字更容易被記住。

想要別人聽你說話嗎？加入情緒就對了。聲音的變化是演講的調味品。

護士在與患者交談時如果能有聲音變化，會讓人覺得更熱情且更有能力。專業人士傾向用隱藏情緒，不想被認為過於熱情或誇大其詞。

所謂的不帶情緒不代表聽起來很隨性或冷酷，而是會讓人聽起來覺得不在乎。

如果你聲音聽起來很無聊，你釋放出的就是無聊線索。

當你對某個想法感到自豪，千萬別表現得好像沒什麼。請帶著感激和動力說話。

當你在乎某件事情，不要表現得模稜兩可。用力量和重視來分享你的想法。

聲音變化會帶來自我意識。對某件事情保持距離、不要表現出過分熱情會讓人覺得比較有安全感。表現情緒會讓自己在別人面前顯得脆弱——但這也是真正吸引人的地方！

內向的人對聲音變化尤其不自在，因為會引起他人注意。換個想法：你努力積累知識、技能和想法，**你不是希望別人注意你，而是注意你的想法**。聲音變化不只能讓你聽起來更有趣，也能讓別人對你所說的話更感興趣。這是對雙方都有利的做法。

你知道聲音變化最大的殺手是什麼嗎？講稿。演講稿是確保你表述文字完美的最佳方式，但卻很難加入真正的聲音變化與情緒。

量化溝通公司的數據科學家分析了來自高階主管、政治家和演講者的十多萬份演講。

他們觀察了用詞、聲音線索、臉部表情還有手勢線索，**發現只要增加百分之十的聲音變化度就能大大提高聽眾的注意力！**

我經常和演講者一起構思他們的ＴＥＤ演講內容，發現講者常犯的錯誤有兩點：為演講內容寫下過多講稿，然後連情緒都是用排練的。

有一次的練習中，客戶用最無聊、最單一的語調開始說話，他說：「今天我想和各位分享近十年來最令人激動的科學發展，這將改變你的生活，我很高興能與你們分享。」

「等等，等一下，」我對他說。「你是真的很激動嗎？你真的很興奮嗎？聽起來完全不是這麼一回事啊。」

「是啊，是真的很神奇啊。我在這領域做了二十幾年，這領域有很大的變化，甚至徹底顛覆我們的思考方式。」

「你現在聽起來就很激動了！那是什麼感覺呢？」

「嗯，我練習了很多次，一直想著要說什麼話，卻徹底忘了表達方式。」

後來，我們拿著講稿，加入了情緒，並且有一部分的故事讓他脫稿即興演講。我強烈建議在你的演講中，任何你想說的故事和涉及情緒的部分不要寫講稿。記下你想說的幾個要點，這有助於你挖掘文字背後的真實情感，而不是陷入死記硬背的陷阱。

有趣的小技巧

雷根教我們的事

大家都知道隆納．雷根（Ronald Reagan）非常善於溝通，但他也不是天生就會說話。在職業生涯初期，他曾被電台解僱，原因是他在讀廣告時的聲音聽起來無聊且乏味。為了改進這一點，他練習閱讀羅斯福總統「爐邊談話」的腳本。他知道羅斯福是在讀稿，但聽起來仍充滿活力。雷根意識到，如果他把腳本內容用對話的語氣複述一遍，聽起來會好很多。他記下要講的內容，然後用「對話」的方式表達。如果你必須讀稿，試試雷根用的小技巧。讀稿，然後抬起頭。記熟，然後用對話方式交流[8]。

★創造非語言腳本

蒂莫西．貝爾勳爵讓柴契爾夫人使用了一個有趣的技巧。他在柴契爾夫人的演講稿中添加線索，提醒她何時該喝檸檬茶或冰水。

「如果是要面對群眾，我們會在她的演講稿上畫暫停線，但不會標記有掌聲的地方——如果聽眾沒鼓掌，她會愣住的。」貝爾說。

一份柴契爾夫人在一九七六年一月十三日的演講稿被保存下來，上面寫著她提醒自己的一句話：**「聲音保持低沉&放鬆，語速不要太慢。」**

那時的她已經做過無數場演講。一九七六年時，她已經是國會議員，出任教育大臣，是反對黨的領袖，但她依然會在講稿上做聲音提示。即便是非常有經驗的演講者也會利用線索提醒自己。

你可以使用一種非常強大的工具叫做**非語言腳本**。

非語言腳本是指你在講稿或筆記中添加提醒線索。**你可以好好利用非語言腳本來幫助你記住該在何處增加聲音變化、非語言的強調，或是使用手勢**。如果你有讀過電影或戲劇的劇本，你會知道這是常見的做法，但卻從未被使用在演講上！直到現在。

註8：前總統演講撰稿人兼作家詹姆斯・C・休姆斯（James C. Humes）在《說話像邱吉爾，站姿像林肯》一書中曾提到此故事。

我第一次跟觀眾開場時，我的講稿長這樣：

當我說：「早安！」我會微笑著對觀眾揮手，提升熱情度。我也會壓低音調來展現能力。我還得改掉在開場白不小心使用問句語調的習慣。非語言腳本是打破習慣的關鍵。**非語言腳本能幫助你克服魅力陷阱**。

緊張的時候，我連自己名字都說不清楚。我得練習放慢語速。當我說自己的名字時，我會朝心臟的方向做個手勢，清楚說出我的名字，而不是囫圇吞棗的帶過。我發現很多人在說自己名字時特別含糊，畢竟自己的名字自己都已經聽過無數次了。但是，你的觀眾沒聽過，所以請你慢慢說。

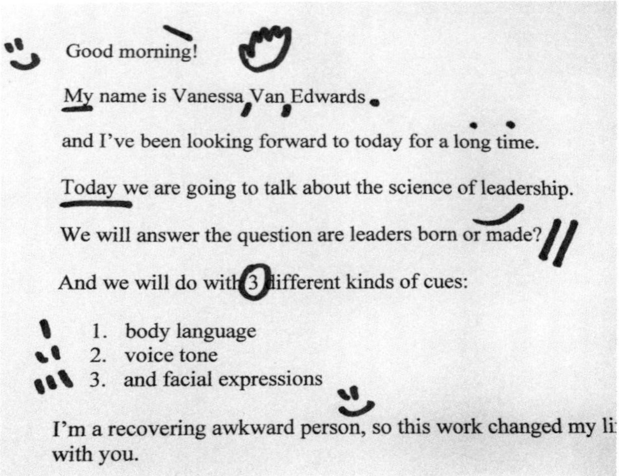
Good morning!
My name is Vanessa Van Edwards
and I've been looking forward to today for a long time.
Today we are going to talk about the science of leadership.
We will answer the question are leaders born or made?
And we will do with 3 different kinds of cues:
1. body language
2. voice tone
3. and facial expressions
I'm a recovering awkward person, so this work changed my li
with you.

早安！
我叫凡妮莎・范・愛德華茲。
我已經期待今天很久了。
今天我們要來談談領導的科學。
看看領導者是天生的還是後天養成的？
我們會從三種不同的線索進行分析：

1. 肢體語言；
2. 聲音語調；
3. 臉部表情。

我以前是一個很不會表達的人，但這個方法改變了我的……

當我說：「我已經期待今天很久了。」我會肯定的微微點頭，並且盡量多與觀眾進行眼神交流。

我說話很快，所以我會提醒自己要呼吸停頓。我有時說故事聽起來會很無聊，畢竟同樣的內容都已經對著無數人講過無數次了，所以我會寫下故事要點而非全稿，方便我感受真實情緒，並在敘述過程中進行調整。

原則 聲音變化能讓你聽起來更有趣。

以下是使用非語言腳本的方法：想像有位著名導演在幫你，你覺得他會要你加什麼？或是加什麼標點？他會如何鼓勵你增加情緒和氛圍呢？

◎行動步驟：

- 說話太快或不習慣停頓嗎？增加暫停線條。
- 說話太慢了嗎？用不同顏色標示需要放慢語速的段落。我喜歡用綠色代表可以加速（跟綠燈的概念一樣），用紅色代表放慢。

● 忘記微笑了嗎？在你的筆記上畫個笑臉吧。
● 想要在特定段落傾身向前、點頭或強調嗎？把字體加粗或是在紙張邊緣增加提示線索。
● 很難跟觀眾進行眼神交流嗎？在你的講稿上寫下「看人→」。

★熱情聲音線索四：讓聲音帶有鼓勵和邀請感

我駛入星巴克得來速的車道，迫切想要來一杯咖啡。我那呀呀學語的寶寶尖叫嚷著要吃可頌（頭疼的是，她還真認識這個字），而我先生打算點摩卡。

眼前的對講機傳來親切的聲音。「早安！請問要點什麼？」

「我看看。我們要一杯摩卡星冰樂。」

「嗯哼~不錯的選擇。」她說。

「還要一個可頌。」我補充。

「哇喔，好吃。嗯哼，嗯哼。」她語調輕快地說著，用聲音鼓勵我繼續說下去。

「再來一個早餐三明治吧。」我說。

「嗯哼~哼~哼，」她興奮地說，「好吃。」

「我想，來兩個吧。」我說。

「啊哈，好主意。」她說。

我開始覺得自己是一個優秀的消費者。

我努力想著還需要什麼。「嗯～」我拖延著時間說。

「嗯哼，不急，慢慢來。」她說。

「呣～噢，對了，我要一杯中杯咖啡，加一份杏仁奶。」我補充說。

「噢，太好了！呣～」她說，「我很喜歡這個。」

「就這些！」我說。

「就這些！」她重複一遍。「我們立刻為您準備餐點，請到下一個窗口取餐。」

我把車往前開，感覺很有自信、受到鼓舞，而且很愉快。

這位不可思議的星巴克員工（真希望我知道她的名字）使用了**聲音邀請**的線索。聲音邀請是指我們如何使用聲音來接納、邀請、肯定和歡迎他人。我們會使用聲音邀請來鼓勵他人繼續說話、表示贊同、感興趣和我們有在聽。

聲音邀請可分為三種：

首先，**聽聲詞**是表示喜悅、興趣、引發好奇的非語言感嘆詞。典型的聲音包括啊、喔、嗯、呣、噢、嗯哼、嗯喔、啊哈之類的。這些都是你在聽人說話時會發出的聲音，你利用這類聲音讓對方知道你有在聽，也就瞬間提升你聲音的熱情度了。

如果有人曾說你很冷漠、令人生畏或讓人緊張，有個簡單的補救方法：**用非語言聲音邀請別人**。如果對方說了些有趣的事，你可以說：「喔～」如果他們停下來思考，你可以說：「嗯，嗯。」如果他們看著你、想得到確認，你可以點點頭說：「嗯哼。」在你覺得適合的情況下，也可以揚眉、微笑或傾身。用聲音邀請是促進關係融洽的好方法。

有趣的小技巧

不擅長表達的人

這招對非常拘謹的人特別有用，尤其是對使用臉部表情和手勢表達不自在的人。如果你知道自己不擅長非語言表達，你也可以嘗試在聲音上做變化，而且是可以非常微妙做到的。我有許多不擅長表達的學生都覺得，靜靜地說聲「啊哈」或「嗯嗯」會比做手勢或微笑更自然。

第二種聲音邀請是帶著熱情的聲音說出**鼓勵文字**。最常見的包括：「對的」、

「哇」、「繼續說」、「多說一點」、「真有趣」、「真的嗎」、「太棒了」、「真迷人」、「我懂了」和「請繼續」等等。你可以把這些視為**口頭接近**。一般來說，口頭暗示不會超過三個字，通常是用來強調或鼓勵他人繼續說下去。你是用幾個字來推進對方的表達。

有趣的小技巧

你的聲音邀請

試試看：看一段有趣的TED演講或聽一段有趣的播客，觀察你自己在看（或聽）這些有趣的內容時會發出什麼聲音。無論你發出什麼聲音或說什麼字（哪怕只是用想的），那就是你最自然的聲音邀請——把它用在別人身上。

最後一種聲音邀請是**聲音鏡像**，指的是你巧妙模仿別人的聲音、話語或聲音邀請線索。無論那名星巴克員工是否意識到，她的確是對我做了這件事。我說：「噢，對了，我要一杯中杯咖啡。」她就回答：「噢，太好了！」我在思考時說「嗯」，她也用「嗯」來回應我。

在一場自然的流暢對話中，對話雙方會互相鏡像——事實上，這會讓對話過程變得更棒。鏡像既能放大我們想傳遞的訊號，也能讓雙方保持同步。我們越模仿對方的聲音邀請，彼此就越肯定對方。我會邊聽邊說「啊哈」來表示我很感興趣，輪到我說的時候，對方也會說「啊哈」來表示他有在聽。然後我們雙方都會知道，「很好，我們達成共識了！」——都不用開口說出來。

在建立牢固關係的同時雙方會達成同步，開始使用相似的詞語、聲音邀請和音頻。聲音鏡像是自然發生的，但你也可以有目的地使用，以此快速建立融洽關係。

我有一個學生是臥底警察。作為一個經常在壓力下跟生人相處的人，他總會用聲音鏡像來迅速建立融洽關係。他會模仿別人口頭接近的方式，還有聲音邀請，甚至是**對方的用詞**。他告訴我，如果他的聯繫人用「大貨車」而不是「卡車」，說「蘇打水」而不是「氣泡水」，他就會跟著用對方的詞。根據他的經驗，這是快速建立信任的關鍵。這不代表不真誠，而是對眼前之人的尊重與關注。

我從他身上學到應該要研究客戶使用的專業術語。在做簡報之前，我會先釐清他們會說客戶還是消費者。然後我會在簡報過程中改變用詞配合對方。

有一項研究檢視了在開始薪資談判時使用聲音鏡像的效果。研究人員發現，越會使用聲音鏡像的員工最後得到的薪資越高。

你要如何如實模仿別人的聲音？這裡的關鍵是微妙而自然的。如果你聽到你喜歡的詞，使用它！尤其當別人要跟你確認時，這是最容易派上用場的。

對方說：「好嗎？」

你回答：「好的！」

對方說：「懂了嗎？」

你回答：「懂了！」

對方聽你說話時，說：「啊哈！」

你回答對方時，說：「啊哈！」

不過，千萬別用過頭了！過多的聲音鏡像聽起來很像鸚鵡。（我無意冒犯鸚鵡，尤其是瀕臨絕種的鸚鵡。）

使用一些微妙的聲音邀請線索可以幫助內向者，也能結交新朋友，或安慰對你很重要的人。

有趣的小技巧

期待與現實

伊莉莎白是我從小就認識的朋友，她一直覺得自己熱情洋溢、很溫暖，但實際上她給別人的印象是有距離感、摸不透的——即便她明明很高興。每隔幾個月就會有我們共同的朋友問我：「伊莉莎白是在生我的氣嗎？」然後我就得解釋，她沒有在生氣，只是沒釋放訊號而已。

我們往往高估了自己的熱情、興趣和興奮對他人的影響。聲音邀請是最容易降低訊號釋放障礙的方法之一。

幾年前，我認識一位新上任的經理，當時他與團隊建立融洽關係方面出現了問題。我聽了他的幾段電話錄音之後，立刻發現問題所在。他說話時有一種我稱之為聲音否定的線索。

與聲音邀請相反的線索就是**聲音否定**。聲音否定是用詞語或聲音表示不喜歡、不同意或厭惡。這會打擊他人的積極性。這類的聲音包括「喔」、「噫噫」、「喔伊」、「咦」

或「哎呀呀」。表達的詞語包括「不」、「討厭」、「不行」、「呀」或「唉唷」。

人們經常在無意中使用這些表達方式而不自知！我的學員甚至沒有意識到，當他在聽同事說話時，他會發出「噫噫」的聲音。那是他在傾聽時的自然反應，但卻會讓說話的一方感到洩氣。換個角度想，當對方聽到類似負面的聲音反應時，還會想繼續說下去嗎？

請在有目的的前提下使用聲音否定的線索。舉例來說，聲音否定可以用來取代嚴厲的言語否定。

這麼說好了：言語否定比較嚇人。聲音否定和聲音邀請也形同在幫你表達，同時減少社交恐懼。正確的聲音否定可以巧妙地讓別人知道你不同意，而你還無需直說「我不同意」。把話說白其實需要更多的努力和勇氣。

二〇一八年，我們租了一間攝影棚，要在一小群現場觀眾面前拍攝新課程「People School」。我非常、非常緊張。我要在二十位新學生、十二名工作人員和多組攝影機面前完成三天三夜可能都講不完的課程內容。要把所有的人員跟場地設備全搞定成本很高，要準時完成的壓力更是不小。

其中一位觀眾鮑伯就是我的聲音救星。他善於表達自己的聲音，而且還有在聽到感興趣、受啟發時會發出「嗯～」聲音的好習慣。雖然他可能不知道，但每次他一「嗯～」，我就會覺得受到鼓勵。

如果我說的研究內容或事情讓他感到驚訝，他就會大聲說：「啊哈！」在相對安靜的攝影棚裡，他的聲音帶給我更多的信心。

他也會真心的大笑——我在上課中講了什麼難笑的笑話時，他的聲音暗示也會帶動其他人發自內心一起大笑。在台上，每次我分享有用的事情時，都能聽到他微妙的鼓勵聲音。

他的聲音邀請是我作為老師得到最好的禮物，就好像是他從觀眾席上用聲音塞給了我一些小零食，讓我有動力繼續前進。最重要的是，這類的聲音邀請對其他同學也是一種鼓勵。我注意到當他說「啊哈」時，其他學生就會放下筆記本或電腦，抬起頭來。在他大笑時，同學們也會跟著笑。聲音邀請能為每個人帶來溫暖。

原則

聲音邀請可以為他人帶來熱情、鼓勵和欣賞。

★熱情聲音線索五：模仿魅力

我們來玩個聲音遊戲。準備好大聲回答下列問題。如果你身邊有其他人，問問他們願不願意聽、要不要一起玩。準備好了嗎？

版本A：請具體描述你最喜歡的一餐。你吃了什麼？在哪裡吃到的？味道有多好？

暫停片刻，深呼吸。現在我們來試試版本B。

版本B：現在，假裝你是蘋果公司的史蒂夫．賈伯斯。模仿他一下。像他一樣站著或坐著，你覺得他的手會擺在哪，你就怎麼擺。把自己當成賈伯斯之後，請你說說你最喜歡的一餐。你吃了什麼？在哪裡吃到的？味道有多好？

你假裝自己是賈伯斯時，說話聽起來有什麼不同嗎？會大聲點嗎？在表達上會更強調某些字嗎？

這實驗聽起來很好笑，但卻是真實發生過的。研究人員發現，當他們要求學生模仿賈伯斯時，學生立刻就會變成更棒的演講者！具體來說，在學生模仿賈伯斯時，他們會更有目的性地進行眼神交流，使用更好的語調、更大的音量和更清晰的手勢。

這種練習大大提高了他們的肢體語言和聲音魅力。因此研究人員建議，**模仿演講高手**

說話是提升公開演講能力最快的方法之一。

誰是你想模仿的演講高手？你有沒有特別喜歡哪位TED講者、播客或主持人？模仿他們！我的演講偶像是布芮尼・布朗（Brené Brown）、崔西・艾莉絲・羅斯（Tracee Ellis Ross）和梅爾・羅賓斯（Mel Robbins）。我覺得他們非常真誠、有趣且真實。

在暖身練習階段使用身分代入的效果最好。在你接起下一通重要電話或練習下一場演講之前，先放一段你最喜歡的演講影片，邊看邊做呼吸練習。像你想模仿的演講高手那樣，說出你的開場白和重點。

以下還有幾種方法，幫助你在下一次重要場合中，先預熱你的聲音和魅力。

★在下一個重要場合到來前該做什麼

如果想要聽起來是一個最熱情、最有魅力的自己，我建議你在上台前先暖聲。當你需要喚醒魅力時，可使用下列技巧。

如果覺得不好意思，就先找個私密空間——要悄悄做到這一點不容易。

1. **做腹式深呼吸。**此處的技巧不是讓你把空氣吸到胸腔——呼吸時請把肩膀放下；

良好的聲音呼吸是來自腹部。

2. 迅速調整姿勢。放鬆肩膀，雙腳站開，伸展雙手。

3. 嘗試發聲練習。在每一次重要電話或演講之前，我都會給自己哼上最喜歡的歌曲。這只要兩、三分鐘，也是讓聲帶準備好聲音變化的好方法。

4. 還需要一點時間嗎？在手機上觀看你喜歡的講者有助於進入狀態。用三十秒練習開場，用三十秒練習結束。

請將這些技巧拍照存下來，在下次重大場合前先拿出來看一遍。你可以的！

★福利：如何錄製一段有魅力的語音信箱問候語

先仔細聽聽你的語音信箱問候語，你喜歡嗎？聽起來會不會很無聊？帶著情緒和自信重錄一遍吧，方法如下：

找個安靜的地方坐下，我建議戴上耳機，減少回音，集中聲音。

按下錄音鍵之前，利用先前提過的方法暖聲。

深呼吸，用你的最低音頻說幾次「你好」。如此一來，你就可以用同樣的方式說話和錄音。

想像你是跟一個喜歡的人說話，想像跟他們打招呼的情景。帶著這股積極感，在自然的狀態下微笑。

保持語言的簡單性。我建議一開始對來電者簡單問候，說清楚姓名與要求。結束時好好說再見或給予祝福。我的模板如下：

哈囉！

我是＿＿＿＿＿＿。

請在嗶聲後留言。

祝你有美好的一天。

本章任務

請記住，你的聲音魅力就像個刻度盤可以根據情況調整。如果你想要展現熱情，那就多使用熱情的聲音線索。如果你想要展現能力，那就多使用能力的聲音線索。如果你想讓自己聽起來是最佳狀態，一定要避免使用危險區塊的聲音線索：不適當的問句語調、氣泡音和聲音否定。

我們一起來練習熱情的聲音線索。我把這些線索加入你的線索圖中了。

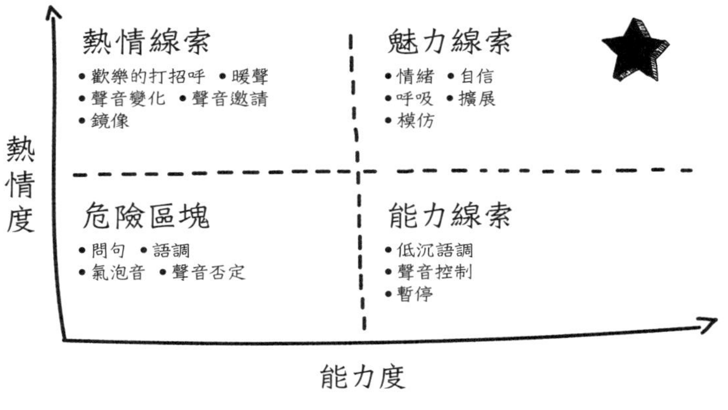

線索	解碼	編碼	內化
有魅力的打招呼	誰的打招呼方式最棒？	試試不同的打招呼方式。笑著打招呼，或是吐氣時招呼，看哪種聽起來效果更好。	如果你很高興跟某人説話，表現出來。如果你跟某人説話時不高興，並且想讓對方知道，表現出來！有時如果我已經表明不想被打擾，對方還是打來了，我會用生氣的打招呼語氣——尤其是電話推銷員。
友善的暖聲	你覺得對方歡迎你嗎？有人讓你覺得不受歡迎嗎？為什麼？	試試不同的暖聲方式，找出最符合你個性、適合你使用的聲音。	對某人有種熱情感？給對方一個空氣擊掌或電子擁抱吧。
聲音情緒	你認識沒有情緒的人嗎？覺得很冷漠？注意他們的聲音，可能這才是主要問題。	每當你覺得自己越來越無聊，或是聽起來很無聊時，請加入情緒。多講點故事，分享更多的驚喜。	對你而言，展現情緒是一件難事嗎？我知道聽起來可能有點傻，但慢慢來。從一種線索開始練習，做到你有自信為止！

聲音邀請	模仿聲音
你最喜歡哪種聲音邀請？我最喜歡別人說「啊哈」。哪種聲音能讓你覺得受到鼓勵？跟最重要的人分享吧。	你認識的人中，誰的聲音最有魅力？跟對方學學吧。
哪種聲音邀請你聽起來最自然？全都試試吧！	找幾個說話高手。學學賈伯斯、歐普拉或羅賓斯，看你覺得哪種說話感覺最好。
你是否在無意中使用了聲音否定？檢查一下你最近的演講或電話錄音吧。	你能把自己當成演講榜樣嗎？你有沒有過成功的演講或在開會時讓大家心服口服呢？把那段紀錄找出來，需要時用它來鼓勵自己。

語言線索

CHAPTER 9 如何魅力溝通

一九九六年，沙比爾．巴蒂亞（Sabeer Bhatia）和傑克．史密斯（Jack Smith）正在努力推銷一種新的網路產品，經過數月的努力，跟風投開了二十幾次會，兩人終於拿到三十萬美元的種子投資，這筆錢剛好足以讓他們辭掉工作，迅速建立網站雛形，並在一九九六年三月二十七日買下Hotmail.com的域名。

就在網站臨近上線之際，他們開始擔憂用戶數量。他們該如何打響名氣，成功吸引百萬用戶？他們想過用廣告招牌和廣播宣傳，但缺乏經費。他們靈光一閃，電子郵件是用來做什麼的？不就是要把消息發給別人嗎？於是，他們決定在Hotmail發送的每封郵件下方放上一行字。

但這行字要寫什麼呢？直接打廣告嗎？請求別人幫助嗎？他們決定既要給人溫暖，

但也要直截了當。於是，他們想出了這句話，並添加在每封信的最下方：

「PS：我愛你。請到Hotmail.com申請免費電郵。」

幾週後，Hotmail的用戶量迅速暴增。巴蒂亞和史密斯都沒想到竟然有這麼多人會看到郵件的信末附言。溝通顧問兼作家弗蘭克．倫茨（Frank Luntz）在其研究中發現，**一封郵件的開頭是最多人會注意的地方，其次就是信末附言**。

兩位創始人將用戶增長的最大功臣歸因於這句簡單的話。根據《動點科技》（*TechCrunch*）報導，「百分之八十的註冊用戶是從朋友那兒得知Hotmail。」一年之後，微軟以四億美元的價格收購了Hotmail。

巴蒂亞和史密斯用正確的文字暗示了對的人。你所使用的語言是否也傳遞了正確的線索呢？

★ 有力的文字

想像一下，假設我請你和陌生人玩個比賽遊戲，我告訴你這是「社群遊戲」，然後告訴你的對手說這叫「華爾街遊戲」，你覺得不同的名稱會影響你們的比賽表現嗎？

答案是肯定的！研究人員讓一組受試者參加「社群遊戲」（熱情名稱），讓另一組受試者參加「華爾街遊戲」（能力名稱），而兩組的遊戲規則是相同的，但猜猜看哪一組的合作程度較高？在「社群遊戲」中，三分之二的受試者會相互合作，而在「華爾街遊戲」中只有三分之一。單純改變語言線索就能改變人們在團隊中的行為模式。你的會議名稱是什麼？你的電話呢？你的隊友呢？你自己呢？你所使用的語言文字會改變他人的行為以及對你的印象。這是提升你個人魅力的簡單方法。**如果你想表現出熱情，就多使用熱情文字。如果你的目的是展現能力，就多使用能力文字**。

熱情的文字傳遞給他人友好、信任和樂觀的感覺，這類詞語包括連結、合作、快樂、雙方和一起。熱情的文字和微笑或歪著頭有相同效果，會讓人感到熱情，是一種得到連結、鼓勵和傾聽的感覺。我認為表情符號和驚嘆號也是熱情線索。有研究發現，客戶對使用表情符號的客服人員會給予更高的評價，並覺得更有人情味。

有趣的小技巧

表情符號

在電子郵件、簡訊、個人檔案和聊天中使用表情符號，是添加非語言線索的好方法。使用正確的表情符號傳達情感也是很重要的。

另一方面，能力的文字暗示著權力、知識和效率，這類詞語包括頭腦風暴、效率、高產能和科學。能力的文字和尖塔型手勢或目的性手勢有相同效果，都是讓人感到有動力、有能力，覺得得到正確的幫助。數據、圖表和研究都是能力的象徵。

少數魅力文字本身就同時具有象徵能力和熱情的最佳狀態，例如自信、偉大和有創意，這類文字能激發他人的樂觀和興趣，同時具備熱情和能力線索。

而危險區塊的文字要嘛消極，要嘛根本沒意義。我們在危險區塊與缺乏想法拉扯。**大多數人不會使用過分消極的詞語，更多是說些無聊的話**。

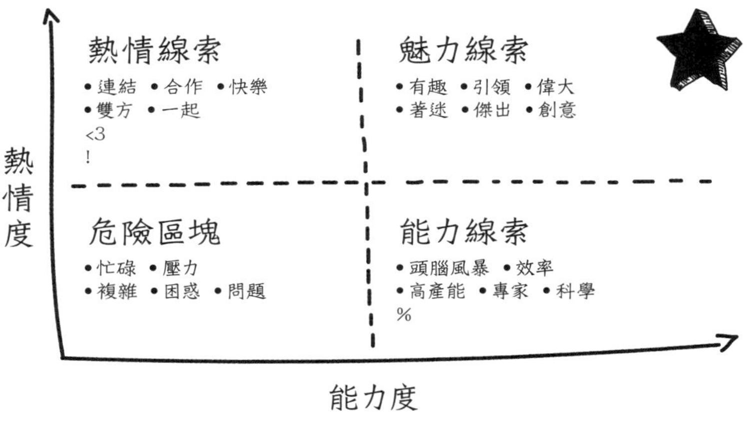

不確定哪些文字是熱情、有能力、有魅力或無聊的嗎？與其說這是一門科學，不如說是

藝術。某個字會讓你想到什麼？是人？符號？還是會讓你想起熱情或能力？這就夠了！前頁是不同類型的魅力詞彙簡表。

★如何寫出更好的電子郵件

現在許多專業交流變得越來越枯燥，完全沒有魅力線索可言。太可惜了！我以前經常發這種郵件，你看出問題了嗎？

布萊恩：

下週會議我都準備好了，我會幫你準備一份總覽和提案範例，然後在會議上過一遍。如果有任何疑問，隨時告訴我。

保持聯繫

凡妮莎

首先，讀起來真的很無聊。其次，內容毫無魅力線索。這封郵件基本上就是讓收件者大腦直接關機。裡面充斥著幾乎都沒人在用的枯燥文字。

這封郵件是有重點的，但是可以寫得更好。添加語言線索可以把平平無奇的內容變成非常吸引人，字數甚至不變，但感覺會完全不同：

早安，布萊恩：

我很期待下週合作。我會列出工作目標和雙方預期成效。我們可以一起解決所有問題。我很樂意進一步說明。

一切順利

凡妮莎

畫底線的文字就是魅力線索。這封信中包含了熱情文字（目標、一起、樂意、預期）和能力文字（期待、成效、解決）。人們聽到一起和樂意這類表達時，他們會有一種感覺真的在一起的快樂。

正如我們所知，在讀到合作這類的詞語時，我們更有可能會合作；聽到一起、我們和雙方這類表達時，會覺得彼此更有關聯性；當有人說「很樂意進一步說明」，我們會更放心的問問題。**許多人都以為自己枯燥乏味的電子郵件中帶有幾分溫暖，但人與人之間的關聯性絕不能視為是理所當然**。

你所選擇的每一個語言線索都能幫助你和你的團隊通往成功。以下是如何更有目的性地使用語言線索。

★步驟一：審查電子郵件

你是用魅力來溝通嗎？讓我們一探究竟！想知道你對他人釋放出什麼樣的熱情和能力線索，最好的方法就是**審查電子郵件**。

以下是審查方法：

- 打開寄件備份資料夾。
- 點開最近五封重要郵件。
- 數數看你使用了多少熱情文字。

- 數數看你使用了多少能力文字。
- 數數看你使用了多少魅力文字。
- 最後，你是否有使用消極文字，例如：問題、錯誤、不好或壓力。

你有看到自己的郵件語言模式嗎？有數千名學生參加過這項實驗，發現自己經常使用特定一種線索——過於熱情或過多能力文字。這也是為什麼許多人都被困在魅力量表中的特定區域。

也有人發現自己的郵件毫無魅力線索可言，溝通方式幾乎是徘徊在危險區塊邊緣。你或許也會發現，你會對不同的人使用不同的文字。你有沒有對上司發送許多能力文字，對同事發送許多熱情文字？這或許是為什麼別人對你不同的原因——**是你暗示他們這樣做**。

以下是一封高度熱情郵件的範例：

嗨，羅德！

我非常喜歡昨天跟你一起聊新方案。和你合作真是太棒了！我覺得這件事真的很特別。我的部分今天可以完成，然後再一起看看。」

祝好

安德莉雅

同樣一封信，使用能力文字表達的範例如下：

親愛的羅德，

謝謝你昨天非常有用的頭腦風暴。新提案無疑精準到位。我相信我們進入了新的階段。我會在今天完成我負責的部分，儘快傳給你。

此致

安德莉雅

這兩封郵件的字數差不多，但卻傳遞出截然不同的線索。請注意，這兩封的內容都不算枯燥。**寫電子郵件時請注意，我們不僅是要讓收件人知道事情，你想帶給對方的感受也很重要**。這不是要用更多文字來溝通，而是要有目的性地選擇用字，幫助你（和你的團隊）達成目標。

巴蒂亞和史密斯可能都沒想到，一句「PS：我愛你。請到Hotmail.com申請免費電郵」恰好完美地平衡了熱情與能力。「我愛你」是世界上最熱情的話語，讓人們想起他們所愛的人。而受邀免費獲得任何東西會激發我們得到、達成和實現的能力。這句話讓他們聽起來更有魅力，也鼓勵了員工多多分享。他們在最後一刻加上的話改變了一切。

來自領英的一封郵件讓我留下深刻印象，同樣也是完美地結合了熱情與能力。那封郵件主旨是「我們需要你的專業」。這是一句非常具體、帶有高度能力指向的開場白，也讓我覺得被需要和被想要。然後，他們在電子郵件的上方用了一句熱情的話來平衡高度能力的主旨：「領英想得到你的回覆！」

無論有意或無意，領英在郵件中都使用了熱情且有能力的線索，包括在結尾「感謝您撥冗閱讀」的這句話，完美地融合了熱情和能力。

在某些地方正確使用線索會讓事情變得不一樣。

原則　在表達熱情、能力和魅力上，你寫下的文字跟非語言線索有相同效果。

★步驟二：停止無聊

現今的專業人士面臨著一個重大危機：非常、非常無聊的會議。每次開會時，你的大腦是不是進入自動駕駛狀態？許多視訊會議或電話會議似乎都以同樣枯燥乏味的方式開場：

嗨，大家好。今天我們要來看看公司的週報。我們等一下要來看看本週稍早前我發給各位的檔案，然後留點時間給大家發問。我再等幾分鐘，等人上線到齊。一會兒馬上開始。

這些文字背後有效的溝通訊息極少——除了這次的會議跟以前的會議沒兩樣。這就錯失良機了。我們來拯救這個沉悶的開場白，激發魅力一番吧。下面的版本字數完全一樣，但卻同時包含了熱情和能力的語言線索：

各位組員，週一快樂！真高興能見到大家。今天我們要一起看看有趣的進展。大家可以敞開討論，確保你的問題都有答案。在等其他人到來時，大家週末有什麼好玩的事情嗎？

這些細微的改變能讓發言者和與會者得到雙贏。

此時你可能會擔心，使用魅力的語言會不會讓人覺得虛假，自己會不會變成公司裡的說話機器人。我們不是要用語言線索來掩飾團隊中的失誤，但使用正確的語言線索能讓會議或人際關係朝正面方向發展。

這裡有些簡單的方法，有助於你在溝通過程中加入更多的積極語言線索。你不需要說很多話。簡單的幾個字就能讓你處在魅力量表上的最佳落點。

先從**開場白**開始吧。無論是電子郵件、對話或重要談話，確保你的開場白能讓你落在魅力區塊。這招適用於會議、電話、視訊電話和聊天。

我的經驗法則是：**注意前十個字**。別只說「嗨」、「嘿」、或「你好」。加點東西吧！

試試看「嘿，朋友」、「很高興來到這裡」、「太榮幸了」、「很高興能聯繫上你」以及「我太高興能一起做這件事」——這些都能喚起熱情。

有趣的小技巧

文化與地理位置

我們來看看《決戰時裝伸展台》（*Project Runway*）主持人兼超模海蒂・克隆（Heidi Klum）釋放的線索吧。每次說再見，她一定都是用母語說：「auf Wiedersehen!」

利用文化或地理位置的詞語是增加熱情的簡單方法。像我就喜歡給朋友發「beso」——西班牙文表示親吻。

我經常在郵件開頭用「Howdy!」（你好），我的夏威夷友人則喜歡用「Aloha」（阿囉哈）。我很喜歡看到外國友人用母語來問候或結尾。「Ciao!」（嗨）、「¡Hola!」（你好）或「Bonjour」（早安），這些都是增加語言個性的好方法。

展現能力的開場白會讓參與者覺得自己很有成效、有能力，例如「我們來做吧」、「今天會是高效的一日」、「嗨，夥伴」、「我們來解決吧」以及「等不及要做了」，這些開場白都能加強能力線索。

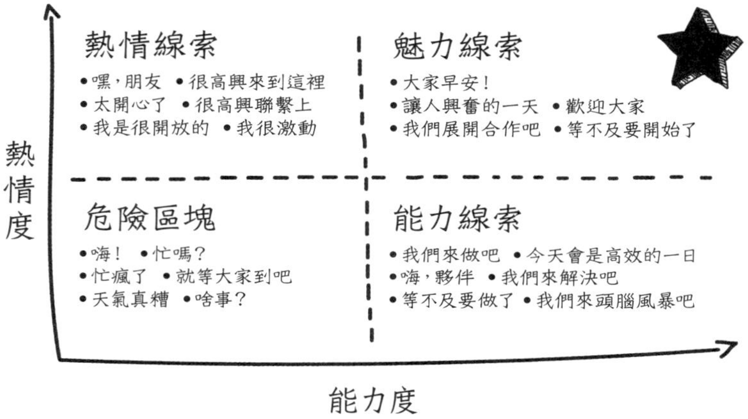

而團隊、興奮、歡迎和展開這類的詞語則完美地平衡了魅力線索。試著用以下的表達：「大家早安！」、「真是讓人興奮的一天」、「歡迎大家」和「我們展開合作吧」或「等不及要開始了」。

要如何結束呢？保持魅力就對了。

我最喜歡的熱情結語包括「開心」、「祝好」、「等不及了」、「誠摯問候」、「屬於你的」、「忠實的」、「熱情的」和「愛你的」。

我最喜歡的能力結語包括「誠摯的」、「致上問候」、「尊敬的」、「感謝的」和「此致」。

我最喜歡兼具熱情和能力的結語包括「很高興與你共事」、「期待接下來的進展」、「很樂意回答所有問題」、「交給我們」、「敬你的成功」、「幹得好」或「感謝你所做的一切」。

有趣的小技巧

結尾落款

我寫電子報寫了十多年，一直都在教導大家最新的溝通技巧。我曾經因為結尾而苦惱，但後來想想，我想讓收件人在讀到郵件尾聲時感受到什麼？我的工作使命、我之所以寫電子報的主要原因，就是為了讓他們感到成功。於是我使用「祝你成功，凡妮莎」作為結尾，而我的讀者和學生也紛紛引用。他們會在個人郵件結尾寫上「祝你成功」，並寫信告訴我：「謝謝你帶給我這些成功祕訣。」這對我而言是一種簡單儀式，對我的讀者來說也是一種提醒。你能想出屬於個人的結尾落款，傳遞出正確的訊息嗎？

請避免太枯燥或太無聊的結語，如「再見」、「再聊」或更糟——什麼都不寫。

這是我的小抄：

如果符合你的品牌，你甚至可以試著說「放心交給我們」，以此作為高度能力展現的結尾或口號。也可以試試熱情的版本：「你可以信賴我們。」

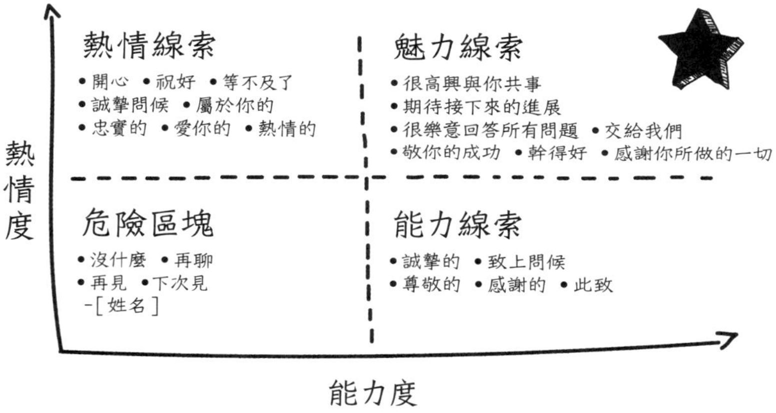

請注意！

你無需在每次的開場和結尾都使用魅力線索。但如果你的交流場合很重要，在面對重要請求、問題或人際關係時，請加入一些語言線索。

原則

在重要的交流場合中，使用語言線索加深印象。

★步驟三：創造魅力

我們想知道履歷中所使用的語言線索會如何改變他人對你的看法，因此我和我的團隊決定做個實驗。首先，我們做了兩份履歷表，使用相同的照片和姓名，只在履歷的第一行稍微修改了不同的文字線索——看起來就像你在領英檔案上的標題或履歷上的概述。兩份履歷表上的標題各約十六字。

突顯熱情的版本一寫道：「協助團隊合作，建立關係，讓客戶更開心。」

突顯能力的版本二寫道：「簡化公司系統，提高生產力及客戶服務。」

我們邀請上千人對此簡歷的熱情與能力進行評價。差別不大，但僅僅換了幾個字卻有其價值。熱情的文字讓履歷一的熱情度提高了百分之五，有能力的文字讓履歷二的能力度提高了百分之五。但這是否會改變別人的看法？答案是不會，但要做調整很容易。

接下來，我們想知道如果用影片方式呈現，效果是否會不同。我們找來一位男士和一位女士分別錄製兩段簡短的介紹影片——熱情版本和能力版本。熱情版本的台詞是：「嗨，我是艾力克斯。我會協助團隊合作，建立關係，讓客戶更開心。」能力版本的台詞是：「嗨，我是艾力克斯。我會簡化公司系統，提高生產力及客戶服務。」

我們要求兩位在錄製過程中，盡可能使用相同的非語言及聲音線索，但要改變台詞。

接著我們再請人對兩位的熱情和能力進行評分。這一次，我們看到了明顯差異，而且在不同性別上也有不一樣！

相較於熱情的版本，使用能力語言文字較多的女性，其能力得分高出了百分之十五。僅僅五字不同出現了如此不可思議的改變。當她使用熱情文字時，只比能力版本高出了百分之五的熱情度。

當男性使用熱情語言時，其熱情度得分高出了百分之十一點五。這是一種調整熱情的簡易方式。但是當他使用能力文字時，得分就沒太大差別了。

由此可得出兩點重要結論。首先，語言文字很重要。僅僅改變語言線索就能改變他人對你的看法。無論是你的簡歷或線上資料，又或是你透過影片或與人面對面交流都很管用。請確保你更新個人資料和履歷時使用了正確的語言線索。

其次，實驗結果證實性別會如何影響認知。研究顯示，人們直覺認為女性更熱情、男性更有能力。而使用正確的線索是打破刻板印象的關鍵。

女性要知道，社會直覺認為她們更熱情，因此她們必須付出更多努力，使用更有效的非語言線索、聲音線索和語言線索，有目的地讓他人看到能力的一面。

男性也要知道，社會默認他們更有能力，如果男性想提高熱情度，就得多使用熱情的非語言線索、聲音線索和語言線索。

你有許多機會可以用微妙但有力的方式發揮魅力。發揮創意吧！以下是一些想法供各位參考：

- 某些公司有忠誠計畫（熱情度高），某些有VIP級別或菁英等級（能力度高），某些公司則提供獎勵計畫（熱情度和能力度皆高）。
- 在會議或演講開始之前，先播放歡快的老歌（熱情）或寧靜的古典音樂（能力）暖場。
- 填寫名牌時，我都會加上額外的語言線索。如果想要展現能力，我就會在名字底下加上一件個人獨特的事情。如果想要表現熱情，我會在名字底下加上一句很棒的對話開場白或有趣的事情。
- 如果在會議或演講開始前還有時間，我會先有目的性的暖場。如果想激發能力，我就會播放一段強而有力的TED演講，或是分享一段鼓舞人心的名言。如果想創造熱情，我可能就會選擇破冰活動，或是在聊天中談論一些趣事。

有趣的小技巧

不要等

「我等大家到齊了就開始。」這可能是我最不喜歡的開場方式。這就是在告訴大家，你可以先去看看電子郵件或發呆（也會讓人覺得早知道就晚點來）。這是提出問題、創造魅力的最佳時機，讓人們參與進來，並且讓氣氛升溫。想用熱情的方式開場嗎？問問大家：「上週末有沒有什麼有趣的事？」或「接下來的假期有什麼大計畫嗎？」如果是想用展現能力的方式開場，你可以問：「最近有沒有聽到什麼好的播客節目？」或「最近有沒有讀到什麼好書？」

你對你的人際互動有什麼期望嗎？你可以在你的宣傳冊、名片、邀請卡、履歷、網站或標語中平衡熱情與能力嗎？在你的個人檔案、電子郵件、罐頭訊息或聊天中呢？不要錯過任何可以加入目的性語言線索的機會。

原則

用熱情線索呼喚有熱情的人，用能力線索來吸引有能力的人。當你不確定時，請用魅力線索兩者通吃。

★步驟四：激勵或資訊

我們是時候需要一張新床墊了。我丈夫是名研究人員，能力很強。他著手尋找市場上測試最好、評價最高、有最新研究結果支持的床墊。而我同時也在各種社交資料上的照片，給兩個最近剛買新床墊的朋友發了短訊，詢問他們的意見。

我丈夫用能力做決定——數據、數字和科學證據。我則用熱情做決定——直覺、照片和朋友推薦。兩人都無法做出最後決定。

有一天，我們坐在餐廳裡看著外面，看到了公車上的廣告，上面寫著：「卡斯珀：精心設計、價格合理、極度舒適。」我們看著對方，說：「就是它！」

這句完美融合熱情與能力的廣告詞對我倆都很有吸引力。對我丈夫這種看重能力的人而言，「精心設計」就是他想要的訊號。在床墊的官方網站上可以找到各種產品合格標籤，比如「《美國新聞與世界報導》評選最佳床墊」、「十年保固」和「一百天安心試睡」。

你知道是什麼吸引了我嗎？「價格合理、極度舒適」是直擊我內心的熱情線索。我心想：耶！我不用討價還價了！我在官網上還看到一張孩子在床上咯咯笑的照片，還有一篇來自《時尚》雜誌的有趣介紹，甚至還有一段名為「遇見床後的大腦」的影片，讓消費者看到卡斯珀床墊實驗室裡的工程師和研究人員，非常吸引人。我們想要的都在這裡了。

我們家裡的每張床都換成了卡斯珀床墊。

熱情和能力線索能讓你找到對的人。對熱情有回應的人希望受到**鼓舞**，他們喜歡故事、笑話、隱喻和社會認同。

對能力有回應的人希望得到**資訊**，他們需要數據、研究、案例分析和事實。

不確定聽眾是偏向熱情還是能力嗎？覺得你兩者都有嗎？太好了！找出平衡點吧。在我的教學和影片中，我努力嘗試在熱情和能力之間展現最佳狀態。以下是平衡高度能力及高度熱情的指南（你在閱讀過程中可能已經發現了）：

- 每當我提到「研究」或「學習」時，我都會講一個故事。
- 每當我分享數據時，我都會補充案例分析或比喻。
- 每當我提到與能力相關的事情，我都會加入一點熱情、幽默或弱點。

我的演講聽眾涵蓋各行各業，通常是領導團隊和工程師，但也有人力資源部門、銷售代表、企業家和醫生。我要確保內容既能激發靈感，又能傳遞資訊，這樣才能與所有聽眾產生共鳴。事實上，我會計算投影片中的熱情和能力線索數量，確保兩者數量平衡。

使用熱情線索的投影片中，我會加入例子，使用有趣的動圖、影片或故事；使用能力線索的投影片中，我會放上數據、研究和圖表。至於完美結合熱情線索與能力線索的投影片中，我可能會以故事形式呈現研究內容，或是用影片展現研究成果，或是想辦法讓數據變得更生動。

你能在激勵他人和提供資訊之間找到平衡嗎？

與同事互動時，你會受到他們獨特魅力

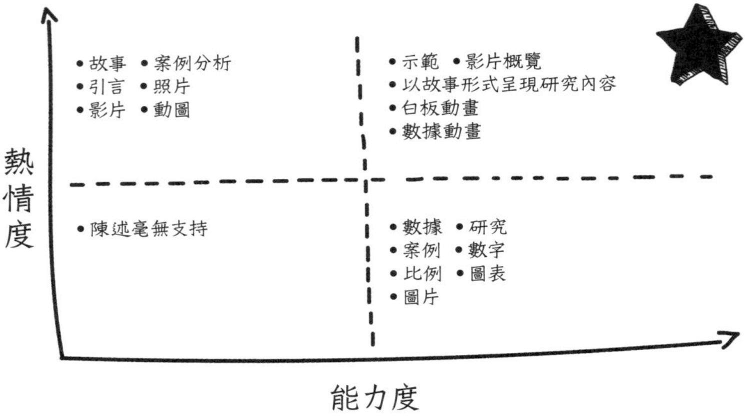

所吸引嗎？如果你知道團隊中有人特別熱情，你可以用熱情的話題來突顯他們的魅力，以此顯示他們的熱情。在會議一開始就先問問他的家庭和個人生活，指著他們桌上的家庭照，跟他們分享自己的故事。當然，要多多使用熱情的語言和非語言線索。一般來說，高度熱情的人會喜歡閒聊及建立融洽關係。

另一方面，有能力的人傾向直接進入主題。如果你想要閒聊，最好聊些跟能力有關的話題——產業新聞、頭條新聞、分享個人成就。請使用展現能力的語言和非語言線索。在你的電子郵件中，多使用能力語言會讓對方回覆速度更快。他們喜歡的問題包括：「最近有什麼大項目嗎？」、「你有沒有看到頭條新聞？」或是「你有沒有聽說（插入產業新聞）？」

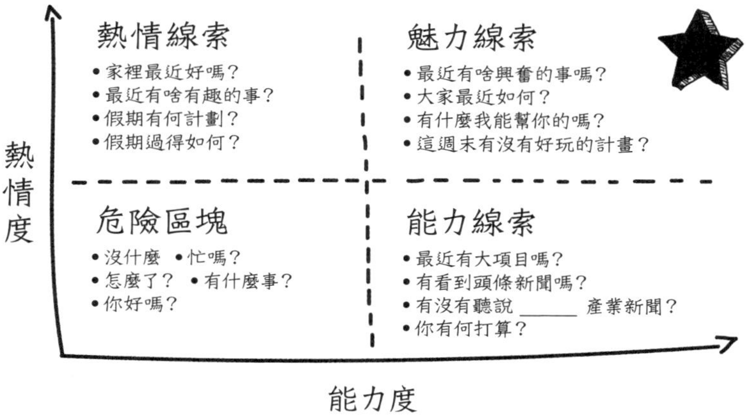
熱情線索
•家裡最近好嗎？
•最近有啥有趣的事？
•假期有何計劃？
•假期過得如何？
魅力線索
•最近有啥興奮的事嗎？
•大家最近如何？
•有什麼我能幫你的嗎？
•這週末有沒有好玩的計畫？
危險區塊
•沒什麼 •忙嗎？
•怎麼了？ •有什麼事？
•你好嗎？
能力線索
•最近有大項目嗎？
•有看到頭條新聞嗎？
•有沒有聽說 ______ 產業新聞？
•你有何打算？
熱情度
能力度

無論如何，請避開「危險區塊」，避免問些無聊或消極的問題。絕對不要問「忙嗎？」，也不要問些不是問題的問題，有些問題都是很機械化，有時甚至連自己在問什麼都不知道。「你好嗎？」、「怎麼了？」還有「有什麼事？」這類問題都很無聊。拜託，別再問了！

我最喜歡的魅力問題既能讓人感到熱情，也能讓人覺得有能力。試試「最近有啥興奮的事嗎？」、「有什麼我能幫你的嗎？」、「這週末有沒有好玩的計畫？」或是我個人最喜歡的開場白：「最近有什麼好事？」

想讓你的想法得共鳴嗎？根據聽眾喜歡的風格調整你的溝通線索吧。

原則 有熱情的人尋找激勵，有能力的人尋找資訊。

★步驟五：語言變色龍

想想你最常跟哪五個人在一起，或是最常想起哪五個人？他們是誰？請在下方寫下名字。

1. ______
2. ______
3. ______
4. ______
5. ______

你知道他們是落在魅力量表的何處嗎？打開他們最近發給你的五封郵件、聊天紀錄或簡訊，算算他們使用了多少個熱情與能力的用詞。你也可以看一下他們的社交檔案，數數他們分別用了多少個象徵熱情與能力的語言文字。請在上方名字後面寫下他們落在哪個區塊？熱情？能力？或魅力？

你能帶給這些人最好的禮物就是欣賞他們的魅力語言。能突顯他們獨特魅力的讚美肯定會得到欣賞。有能力的人喜歡得到別人對他們能力的肯定。你可以對有能力的朋友說：

「你真有趣！」

「你向來都能給出最棒的建議。」

「我知道你很清楚要做什麼。」

「我喜歡跟你一起做項目。」

用熱情回應和真心讚美來表揚高度熱情的人。告訴他們：

「你是最棒的。」

「你最知道要如何開場派對。」

「你一直都讓我覺得很舒服。」

「我很喜歡跟你無所不談。」

「我相信你。」

如果你不確定對方落在哪個區塊，試試同時兼具熱情與能力的表達：

「團隊裡有你真好。」

「感謝你在這方面的協助與專長。」

「這（　　）讓我想起了你。」

又或者試試我最喜歡的一句：**「我才正想到你呢！」**每個人都喜歡被別人放在心上，無論是因為熱情或能力。但原則一樣不變——請發自真心的說。如果你不是真的喜歡跟某人共事，絕對不要張口就說喜歡！如果你不是真的信任某人又不好說出口，這對你也是一個好的訊號，讓你知道需要努力重建與對方的信任。

如果你想不出要講什麼好聽話怎麼辦？如果你發現自己經常給出負面回應，比如「你老是遲到」、「你真難搞」或「我真搞不懂你」，那就是時候重新歸零、重新開始了。給自己設定目標，在對方身上至少找出一個你能看到的熱情或能力特質。

如果是生活中難相處的人，我就會從小事下手，比如說：「謝謝你開會時一直負責做紀錄。」或是說：「我們喝咖啡的口味都一

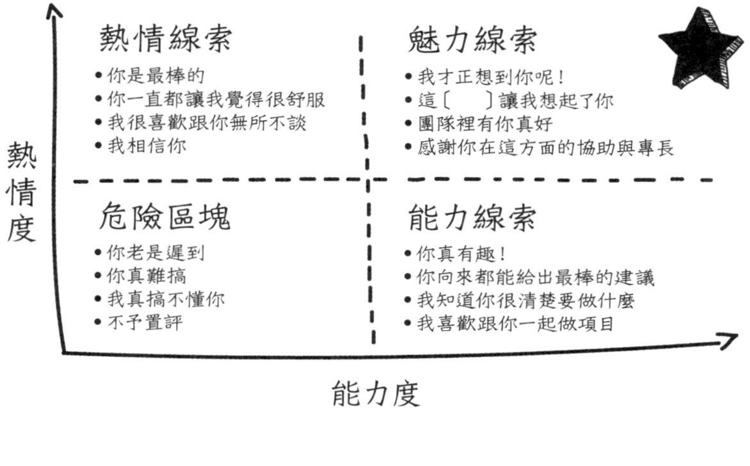
熱情線索
•你是最棒的
•你一直都讓我覺得很舒服
•我很喜歡跟你無所不談
•我相信你
魅力線索
•我才正想到你呢！
•這〔　　〕讓我想起了你
•團隊裡有你真好
•感謝你在這方面的協助與專長
危險區塊
•你老是遲到
•你真難搞
•我真搞不懂你
•不予置評
能力線索
•你真有趣！
•你向來都能給出最棒的建議
•我知道你很清楚要做什麼
•我喜歡跟你一起做項目
熱情度
能力度

樣！」小的共性和大的共性一樣強大。這就是好的開始。

在與生活中重要的人交流時，你還有另一種選擇：透過微妙的鏡像，模仿對方的語言——關鍵在於微妙。也就是對說話對象使用類似的積極或中性詞語，我稱此為語言變色龍。

語言變色龍　巧妙模仿對方展現魅力的語言。

服務生如果用客人的原話重複訂單內容，會比只使用禮貌、正面詞語的服務生多拿到百分之七十的小費。

在另一項研究中，研究人員要求受試者透過虛擬聊天進行談判。其中一組受試者要在該次談話的前面十分鐘模仿對方的用語，另一組則模仿最後十分鐘的用語，而對照組則沒被告知要模仿任何內容。一開始就模仿的組別，其談判結果明顯比其他兩組更好。**試著在互動一開始的前幾分鐘模仿對方的說話語言**。

實際該怎麼操作呢？讓我們來看看頗具天賦的語言變色龍——艾倫・狄珍妮（Ellen DeGeneres）——會怎麼說話。以下是她和珍妮佛・安妮斯頓（Jennifer Aniston）對話的前四秒：

珍妮佛：哈囉！

艾倫：哈囉！

珍妮佛：親愛的，很高興見到你！

艾倫：很高興見到你！

這就像是說話的乒乓球！艾倫之所以能跟節目來賓迅速建立連結的原因之一，就在於她經常在採訪中模仿對方的說話語言。

你在與他人互動中也可以這樣做。如果有個潛在客戶對我說：「在進行下一步之前，我們需要多一點證明。你有數據嗎？同事有點擔心這又只是另一場無聊的培訓。我們真的希望能有些火花、有些改變。」

我可能會說：「當然，跟大家一樣，我們一直都想證明。我會提供一些學員感言和數據。當然我們也很討厭無聊。我規劃了一些能讓大家參與的活動，目標就是要擦出火花、做出改變。你想看看示範影片嗎？」

進階提示：有時我甚至會使用對方喜歡的表情符號。對方是使用:) 還是 =)? 呢？除了口頭上的尊重之外，我也會採用對方的線索。

但要記住，千萬不要模仿看起來跟你不像的做法。我會用一個驚嘆號，但用三個就太誇張了。部落客兼插畫家蒂姆・厄本（Tim Urban）就是非常偏向能力的人。他最近在X上說：「我用了很多時間來決定郵件中的哪句話必須帶驚嘆號。」他知道自己必須加入一點熱情，哪怕這過程對他來說有點痛苦。

有位極度熱情的粉絲馬特・波波維奇（Matt Popovich）在X上回覆他：「我經常在每句話後面加驚嘆號，然後有一天我突然意識到，『等等，不可能每句話都是驚嘆號，這看起來我像發瘋了。』接著他刪掉一個又一個的驚嘆號，最後只留下一個。」

這就是能力與熱情的不同表現。

在這裡我還想特別說明一點：提升語言魅力一開始可能有點不自在，這就像在拉伸一條新肌肉。艾蕾歌是我的學生，有一天，她想給在Zoom上見過的二十幾位時裝設計師發感謝信，她注意到其中一位設計師使用的熱情語言明顯較多，於是她就在一封簡單的感謝信中加入魅力線索，讓這封郵件看起來更有力量……雖然這行為有點超過了她的舒適圈。

「不得不承認，我主要是想完成任務，公式化的複製貼上。但對這位設計師，我就想更加個人化、更熱情點。郵件內容甚至比我平常還更有表現力，比如『跟您交流是這些活動最大的亮點之一』和『您啟發了我』。雖然有點不自在，但這些話都是真心的。」她向我解釋道。

那位設計師迅速回覆郵件，並且表示願意再次見面交流。

有項研究發現：「感謝新朋友的幫助會讓對方願意與你繼續保持社交關係。」

這似乎是顯而易見的，但你表達感謝的方式很重要。艾蕾歌公式化的郵件並未得到任何特別回覆，但她那封別出心裁的郵件，對一個熱情的人使用更多的熱情語言卻奏效了。儘管這行為超出了她的舒適圈，但她卻是發自內心的。**絕對不要虛假模仿他人的言語或表達**。

言語的一致性就跟所有線索一樣，也會在無意中影響聽眾。我有個學生叫瑟拉芬，他發現只要他問：「這會讓你很困擾嗎？」對方經常就會跟著他的話說：「是的，那會讓我很困擾。」所以他現在會問：「你覺得這樣好嗎？」雖然只是小小改變，他發現人們會更傾向同意，而且可能會說：「很好。」

你在語言上越有意識去使用魅力線索，你就越能得到更多有意義的回應。

原則

你所使用的文字會帶給他人線索。

本章任務

你會如何傳達魅力？我們一起來計算一下吧！檢視以下個人資產，計算你使用的熱情和能力文字的數量。有達到你的魅力目標嗎？

	熱情文字	能力文字
領英檔案		
語音信箱		
郵件簽名檔		
最近十條社交媒體貼文		
名片或宣傳資料		

意象線索

CHAPTER 10 讓自己更有存在感

我們來玩個遊戲吧。想像你正凝視著高掛於海面上的月亮。請在腦海中認真想像一下。那是一個晴朗無雲的夜晚，月光漂浮在海浪之上。

現在，請迅速告訴我在你腦海中浮現的第一個洗潔劑品牌。

你想到的是汰漬（Tide）嗎？

在受試者聽到海洋和月亮後，研究人員詢問他們最喜歡的洗潔劑品牌，有很大的概率他們會說汰漬。

為什麼？因為高掛在海面上的月亮畫面會激發大腦中的**神經地圖**，會讓你聯想到與月亮和海洋相關的文字和畫面，例如潮汐、水、重力和波浪。當我要你想像月亮時，你腦海中會浮現出與月亮和海洋有關的東西，而這也會影響到你對洗潔劑的答案。

每個人的神經地圖都會略有不同，但多數人對於圖像和想法背後的情感關聯都有相似的潛在主題。這就是視覺線索發揮作用的機制。舉例來說，看到消防車的圖片時，大腦的神經地圖可能就會將消防車跟紅色連結在一起，又將紅色跟玫瑰花連在一起。

這種情況在日常生活中經常發生。舉例來說，你在瀏覽臉

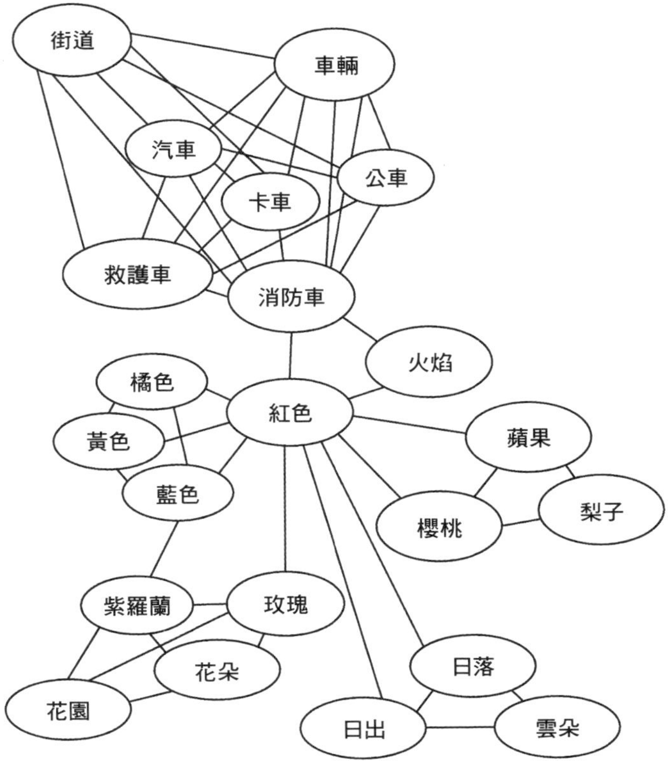

書上的照片，看到有個朋友抱著滑雪板。看到照片就會激發滑雪板相關的神經地圖，你會想到冒險、冰雪、高山、假期和家庭，會讓你懷念起童年旅行的興奮感。內心按下接受鍵。

最近，我經過當地健身房附近的商店時，看到這些包包在打折。

有看出這些運動包有何有趣之處嗎？它們有腹肌！跟石頭般一樣堅硬的六塊腹肌。如果你正準備上健身房練六塊肌（誰不是呢？），這些包包肯定能吸引到你。

視覺線索是吸引、歡迎和留住對的人的一種好方法。我們也可以根據目標、利用視覺線索來引發熱情或能力。你正在使用視覺線索嗎？讓我們一探究竟吧。

★視覺線索一：提高價格、外觀和品牌

「這看起來很貴。」我告訴先生。

他剛把一個藍色盒子放在我面前。

「是珠寶嗎？」我問。

「比珠寶更好。」他說。

我小心翼翼打開這粉藍色的盒子，裡面是九顆精美糖果。我很愛吃甜食，先生就按照我的口味精心挑選了九種不同的Sugarfina糖果。我嚐到了玫瑰香檳熊、蓮花軟糖和心型蜜桃貝里尼。

全程都讓人覺得這一切很昂貴。我一看到盒子，直覺就是珠寶。然後我又突然想到：蒂芙尼。這些盒子在大小、形狀、顏色和重量上都與蒂芙尼的首飾盒高

度相似。

而這些糖果更是以昂貴的東西為名——美式威士忌冷萃咖啡小熊軟糖、玫瑰香檳小熊軟糖、蜜桃茶，甚至是蘇格蘭威士忌酒心黑巧克力，就連綠色蔬果汁小熊軟糖都是裝在迷你蔬果汁瓶中——買過的人就知道有多貴。這些東西觸發了我對其他昂貴物品的神經地圖，就算小熊軟糖的價格比普通糖果高出四倍，我也甘之如飴。

打從一開始，Sugarfina糖果的創始人羅西・歐尼爾（Rosie O'Neill）和喬許・雷斯尼克（Josh Resnick）就是想為成年人創造一種高級的糖果體驗。Sugarfina這個名字是把「糖」和義大利文的「好」結合在一起（很好的語言線索）。他們的糖果店是奢華的、是手工製作的，跟在商場裡的糖果店截然不同。

Sugarfina的店裡沒有一桶又一桶的糖果，而是創造了一種高級餐廳的體驗。你會有專屬銷售人員，他會幫你走來走去，每次挑選一種糖果供你品嚐。你們會一起討論各種軟糖和巧克力的風味和口感，感覺就跟購買高級起士、葡萄酒或珠寶很類似。這過程提醒了你，每一口都很昂貴，值得細細品味。

Sugarfina使用語言線索、顏色線索和**視覺隱喻**。視覺隱喻是對想法、人物、地點或事物的創造性表現，讓人產生聯想，就像用珠寶盒的概念設計糖果盒一樣。Sugarfina還用了另一個有趣的方法讓消費者接受高價：視覺佈置。不像超市或加油站裡的糖果，Sugarfina

魚子醬
敬邀出席
免配送費
&
美食
2018年5月18日週五至
5月20日週日
在你吃東西的地方
參加代碼：
當然好
著裝要求：
酒吧穿著
皇家服飾
做你自己
caviar
THE HONOR OF YOUR PRESENCE IS REQUESTED
AT THE MARRIAGE OF
$0 Delivery Fee
And
Delicious Food
Friday, the eighteenth of May to
Sunday, the twentieth of May
two thousand eighteen
At wherever you eat food
RSVP
WITH CODE
HELLYES
DRESS
LOUNGE WEAR,
ROYAL COSTUME,
YOU DO YOU

一開始只在高檔的諾德斯特龍百貨公司（Nordstrom）有售。跟收銀台旁邊標價一百美元的羊絨襪相比，消費者手中的香檳熊軟糖就顯得不貴了！

如果你想提高產品的價格、外觀或品牌，試著從人們的精品神經地圖下手吧。

上圖是食品配送公司魚子醬的另一種視覺隱喻範例。這封郵件有讓你想起什麼嗎？

看起來很像婚禮邀請卡，對吧？這封郵件寫得太聰明了，原因有幾點。首先，是時間。魚子醬公司是在二○一八年五月十八日發出這封郵件——就在梅根嫁給哈利王子的前一天。這個時間點（加上免配送費）讓所有想一起慶祝皇室婚禮的派對都能輕鬆取得美食。

其次，字型、樣式和顏色都是婚禮請帖的直接視覺隱喻。對大多數人而言，這是一種積極的關聯性。沒有什麼會比在週六慶祝愛情、在舞池邊蹦蹦跳跳和免費牛排更好的事了。對了，還有蛋糕。第三點，也是最讓人興奮的——免配送費！美食！沒錯，快來吧。這視覺線索也在鼓勵你可以揮霍一番，點些跟婚禮現場類似的食物。有人想來點鮭魚嗎？

最後，這張請帖會讓人發笑。地點很可愛：「在你吃東西的地方。」服裝要求也是亮點：「酒吧穿著，皇家服飾，做你自己。」你有注意到回覆代碼嗎？「當然好」就是興奮感的最佳語言線索。

透過這幾個視覺線索，魚子醬公司拉高了大家的好奇心，想要知道這間公司的產品價格和服務。

另一個使用視覺隱喻的好方法就是利用字型，這也是魚子醬邀請卡上的重點。他們使用的是我所謂的「花式字型」。對我來說，這字型看起來就很昂貴而優雅。

事實上，有研究發現，人們會用字型來顯示情感和個性。以下是一些發現[9]：

- 如果用Times New Roman字型寫諷刺內容，看起來會更有趣、更憤怒。

- 相較之下，Arial就比較無趣。
- 全部大寫會降低理解能力。
- 如果你想為讀者激發創造力，讓字型看起來漂亮點吧。真的。當文本看起來具有美學吸引力時，創造力會隨之提高，因為會減少皺眉肌肉的使用。
- Comic Sans則適合記憶。研究人員要求受試者閱讀一段關於外星人的故事，結果發現，相較於用Arial或Bodoni字型，用Comic Sans字型印刷會讓閱讀者記住更多的內容。

請記住，人們對字體非常敏感，也有許多個人偏好。顏色、字體和視覺隱喻並不是幫助我們決定某人或某事質量的一切因素。我們會從環境中的一切事物中獲取線索。在一項研究中，受試者要拼拼圖，拼圖有粗糙的（像砂紙），有光滑的。接著，受試者要對模稜兩可的社交互動進行評分。相較於光滑拼圖的受試者，粗糙拼圖的受試者認為他們的互動更不協調、更困難、更不自在。在某種程度上，粗糙拼圖讓他們覺得互動本身更粗糙。

註9：有些字型與文化相關。例如日本人認為serif字型優雅、古典、流暢，而窄體字則較為現代、積極。

後來又做了幾個類似實驗。坐在硬椅上的受試者更有可能覺得對方不夠靈活或嚴厲。如果把求職者履歷分別放在厚重和輕薄的文件夾板上閱讀時，相同履歷在厚重夾板上會顯得更為嚴肅。最重要的是：受試者並未察覺拼圖、椅子和文件夾板會影響看法。我們也沒意識到線索對我們的影響有多大。

這對你來說意味著什麼？想想你釋放出的所有線索。不僅僅是語言、聲音和肢體語言，還包括你周圍環境的線索。你要如何提升線索？我最近在找新的皮膚科醫生。有個醫生的診所感覺就像水療中心，裡面有毛絨沙發、鮮花、黃瓜水，播放著輕音樂，點著香氛蠟燭，一切都很溫暖。

另一個醫生的診所感覺就像醫院，小小的，很乾淨，像是無菌室。每個人都穿著手術服，沒有音樂，也沒有黃瓜水。這標榜著能力。

你們猜我選了哪個醫生？我的家族有皮膚癌史，所以我每年都會認真看醫生做檢查。我選擇了跟醫院類似的環境。

這兩間診所沒有誰好誰壞。有些人更喜歡溫暖舒適的環境，想讓去看皮膚科醫生跟去做水療一樣。也有的人跟我一樣，更喜歡中規中矩的醫療環境。

有趣的小技巧

溫度

研究發現，溫度低會讓人更「冷酷」、較沒同情心。溫度暖會讓人更願意合作、取得信任。如果想與他人建立關係，手握熱可可會比拿著冷水好。下次要問別人喝什麼時，先想想要說哪些選項。

以下有些建議：

- **你會用哪些詞語和視覺隱喻來描述自己、你的工作或服務？**換句話說，看看你用的標語、社交資料、行銷材料，甚至是辦公室裡的海報！有一次，我走進一間辦公室，裡面提供的不是糖果，而是一盆小橘子。這讓我覺得很新鮮、很有趣，瞬間就讓我對這次的拜訪感到很興奮。
- **在會議開始前、在等候室裡、在客廳裡或在客戶等待時，你會放什麼音樂？**我發現我打過電話的每間公司都有不同的等待音樂，而且都跟公司品牌相呼應。比如說我打蘋果公司的技術支援電話，聽到的就是鮑比．麥克菲林（Bobby McFerrin）的《*Don't Worry, Be Happy*》。我打給財務公司時，他們播放的是寧靜的古典樂。你會如何挑選屬於你的音樂呢？

- **你常用哪種字體？**我的朋友朱迪．霍勒（Judi Holler）是位作家，也是即興創作家，她會使用一種叫Northwell的特殊字體，在她的所有貼文中，在她的書籍封面上，甚至是Instagram發文全都是使用Northwell——我甚至不知道你可以在推文中改變字體！在她的錄影工作室有個霓虹燈招牌，用的就是她的代表性字體，還是粉紅色。我現在每次看到Northwell字體就會想起她！

★視覺線索二：鼓舞人心的圖片

有個小問題：說到水管工時，你會想到什麼？

你會想到水？廁所？水管？還是……裂痕？

你剛才有說愛因斯坦嗎？可能沒有。

我最近看到一輛貨車車身上印著「愛因斯坦水管」的字樣，還搭配愛因斯坦的巨幅卡通畫像。他們的標語是「聰明選擇」。我認為這是利用神經地圖來與競爭對手做出區隔的巧妙方法。他們使用視覺線索（還有同名的語言線索及標語）來激發常見的神經地圖反應：智慧、解決複雜問題和天才。如果你遇上棘手的水管問題，比如說廁所堵塞、管道老舊，你會更想找誰來解決呢？是愛因斯坦還是韋策（隔壁的競爭對手）？

我最近在一場演講上分享了這個故事，後來吉姆找上我，他是另一間水管銷售的老闆。他的公司使用粉紅色的卡車，車輛、網站和廣告上的巨幅模特照片是一位身穿白色襯衫、看起來十分優雅的女性（老闆的妹妹）。吉姆說他的目的就是要吸引想找有禮貌、看起來乾乾淨淨的水管工的女性客戶。他們會特別注意，要在工作鞋上套上可拋式的鞋套，維修完成後會把水槽底下清理乾淨，並且穿著一塵不染的乾淨制服。他告訴我，公司一直非常注重清潔和禮貌，不過在他加上妹妹的照片並主打粉紅色系之後，公司業績就迅速起飛了。

愛因斯坦水管公司也使用了視覺線索，讓重視能力的客戶找上門。吉姆則是想要吸引重視熱情溫暖的客戶。視覺線索，尤其是影像，可以用來讓對的人有對的感覺。影像甚至會刺激身體的生理變化。如果你想像自己在海灘上曬日光浴，你會變得更加放鬆和暖和。

人類的大腦可以在十三毫秒內判斷出眼前的圖像，這意味著我們在網站、廣告、個人檔案和辦公室裡看到的所有影像都會影響我們的行為，甚至是表現。有另一項研究則是以電話接線員為實驗對象。一組電話接線員是讀著白紙上的文字，另一組接線員的文字稿上方印有一張跑者衝刺獲勝的照片。兩組接線員必須進行慈善募款，時長三小時。三小時後，**印有照片的那組多籌募到了百分之六十的善款**。跑步者的圖像可能會觸發神經地圖中與毅力、速度和勝利的相關聯想。

利用視覺線索力量的最佳方式是以其作為強調之用。卡車側面的「愛因斯坦水管」就是非常好的語言線索，但如果加上阿爾伯特・愛因斯坦（Albert Einstein）的巨幅照片就更有力量。

網飛非常熟悉影像的力量。在該公司用戶體驗的相關研究中，數據科學家發現，百分之八十二的用戶觀看選擇是取決於圖像而非文字描述。更好的圖像能直接轉化為更長的播放時間。

好奇哪些圖像線索效果更好嗎？答案是三個人或三人以下的照片效果較好（即便該影集或電影的演員陣容非常龐大）。反派照片的效果也比英雄照片更好。而有一點更令人意外：**複雜的神情會比笑容更引人注意**。

以下是使用圖像線索的建議：

- **視訊電話的背景**。在YouTube上有一段喜劇演員凱文・哈特（Kevin Hart）接受遠距採訪的影片，在他身後有幾位黑人喜劇演員做出各種正面的非語言線索。這些正面的線索為哈特創造了不錯的光環效應。克里斯．洛克（Chris Rock）被拍到揚起眉毛，伯尼．麥克（Bernie Mac）露出一臉驚訝的表情，李察．普瑞爾（Richard Pryor）則是被拍到舉著一隻手對麥克風說話。其次，看到其他知名的搞笑喜劇演員，你很自然會把哈特跟他們的經典畫面聯想在一起。你的背景說明了什麼呢？讓背景變得有意義吧。

- **利用影像為演講加分。**研究發現，相較於只有文字敘述，學生對圖片加文字的內容學習效果更好。無止盡的條列式是最糟糕的！你能加入影像線索來幫助聽眾記住你所說的話嗎？我曾教過非語言線索，每個線索都搭配了無聊的庫存圖片。後來，在美國製作人協會的一場演講中（我的聽眾是製作人和演員），我決定把庫存圖片換成名人及運動員展示肢體語言手勢的照片。大家瞬間對投影片內容非常感興趣，聽眾也提出更多問題，甚至會看著圖片發笑。
- **利用圖像線索來支持品牌或訊息。**有人曾寄給我某間律師事務所外觀的照片，是個巨大的鯊魚頭從門縫裡鑽出來。這是非常好的線索：「這律師跟鯊魚一樣厲害！」
- **利用線索讓人們有好心情。**去年我剛抵達卡波時，心裡準備好要經歷一段折磨人的通關過程。然後……出乎我意料，我抵達了剛整修過的航站樓，牆上的螢幕傳來海浪拍打聲和棕櫚樹搖曳的畫面，搭配著輕柔舒緩的音樂。室內周圍擺放著植物和棕櫚樹。奇怪的是，雖然排隊行列前進的速度依然緩慢，但感覺整個人都放鬆了。有點奇怪，應該是要真的在墨西哥海灘上蹦蹦跳跳才會讓人激動不是嗎。這微妙的視覺線索讓一切都變得不同了。

- **別忘了視覺線索隱藏的機會。**你的電腦桌面或手機螢幕用了哪種圖片呢？這些影像會給你和看到你手機或電腦的人一些線索。你名片背後的圖片呢？試著添加一些熱情線索，比如人物形象，讓你自己或你的產品更加人性化，增加銷售量；或者增加能力線索，比如添加認證章，在郵件底部加上簽名圖片等等。

請注意！

避免使用讓人困惑的視覺線索。幾年前，我老家附近的披薩店就用了非常糟糕的行銷策略。他們把折價券放在了黃色信封裡，把這廣告信放在汽車擋風玻璃上，看起來跟被開單是一模一樣。這個線索確實讓我打開信封看看裡面是什麼，但我並沒有因此鬆了一口氣，更多的是憤怒。而我看完後絕對沒有心情吃披薩。

原則

使用視覺線索吸引正確的注意。

★視覺線索三：你的非語言品牌

班傑明．富蘭克林（Benjamin Franklin）被派往凡爾賽宮擔任美國駐法國公使，他想比路易十六宮廷裡的其他成員更顯眼。當時的流行風格標誌是華麗假髮、天鵝絨外套和絲綢褲，這就是時尚！

但富蘭克林決定走不同的路線。

「我希望看起來更像個先驅者，而不是王子。」他在準備這趟旅程時對女兒說道。

他決定不戴假髮，穿著普通的美國棉褲。結果卻非常成功！他看起來很不一樣，行為模式也不同，宮廷成員對這個來自新世界的奇怪生物感到好奇。富蘭克林想成為美國價值觀和開拓精神的代表。他創造了**非語言品牌**。

非語言品牌　使用視覺線索來傳遞價值、文化和性格。

我的友人大衛．尼希爾（David Nihill）是一位作家兼喜劇演員，他在偶然間創造了非語言品牌。在尼希爾的喜劇和演講稿寫作事業起步之前，他一直都處於待業狀態。後來，他在倫敦一間全球最大的私人教育機構中找到一份非常有前景的工作。正式上班的前一天，他洗了所有衣服，把所有行頭準備好。後來他意識到有個大問題：所有襯衫烘乾後縮水了。

他沒有辦法在這麼短的時間裡買到新襯衫，於是他想出一個妙招來掩蓋襯衫縮水的事實。尼希爾解釋說：「我把袖子捲起來，這樣就看不出袖子比我手臂還短了。」

上班的第一週，他每天都穿不同的襯衫，但不變的是捲起袖子。他祈禱沒人發現這件事，但大家都注意到了，只不過跟尼希爾想像的不一樣。「大家開始叫我是那個捲袖子的人，說我是解決問題的人。這真是太神奇了。捲起袖子看起來就好像我準備要工作，準備要大顯身手，一副準備好的模樣。」尼希爾解釋說。

後來，公司指定尼希爾負責解決問題——雖然這不是他原本的工作內容。「我變得跟大家不一樣。我成了特別項目的主管，我的工作就是要修理東西。我的薪水漲了三倍，在一間超過五萬名員工的公司裡，我直接向首席執行長匯報工作。所有人只知道我叫大衛，是個捲起袖子的愛爾蘭人，而這一切都是因為一開始我沒辦法解決自己的襯衫問題。」尼希爾說。

這個視覺線索改變了同事對尼希爾的看法，也改變了尼希爾對自己的看法。「我開始覺得自己是個解決問題的人，也是個做事的人。我做決策的速度更快了，我會希望別人諒解，但不需要得到誰的允許，我會去嘗試，我甚至帶著所有員工去玩高空彈跳，雖然我自己也沒跳過。我變得更勇敢了。我漸漸覺得自己是個有進取心的人。」尼希爾說。

尼希爾在無意間用簡單的視覺線索創造了一個非語言品牌。一個好的非語言品牌能在讓人覺得有趣的同時，除了能吸引注意力，還能傳遞價值。捲起袖子的尼希爾讓大家覺得他是一個能做事的人。

最佳的非語言品牌線索也體現了品牌所有者的性格特徵。想想露西兒・鮑爾（Lucille Ball）火紅的頭髮，還有王子（Prince）誇張的西裝。非語言品牌也能讓人一眼就認出來：辛納屈（Sinatra）著名的軟呢帽，可可・香奈兒（Coco Chanel）的珍珠，T先生（Mr. T）的金項鍊。還有許多著名的例子：查理・卓別林（Charlie Chaplin）的小鬍子和圓禮帽，理工男比爾・奈（Bill Nye）的領結和白大褂，艾爾頓・強（Elton John）的古怪眼鏡，芭黎絲・希爾頓（Paris Hilton）的吉娃娃和小錢包，或是神探夏洛克（Sherlock）的獵鹿帽、菸斗和風衣。

視覺線索能讓人一眼知道你是什麼樣的人——你的工作、你重視什麼。打個比方，據說已故的美國參議員勞勃・伯德（Robert Byrd）的夾克口袋裡放著一本美國憲法，他可以隨時拿出來揮舞，提醒所有人國家的財政大權是誰在掌管。猜猜政治人物最喜歡的標記是什麼？國旗別針。國旗別針本身就象徵著政治抱負。

視覺線索是影響他人觀點和行為最快的方式之一。研究人員發現，光是實驗室裡的一個背包或公事包就能改變人們的行為。背包會激發更進一步的合作（熱情線索）；公事包則會帶來更多競爭（能力線索）。

打造非語言品牌是利用視覺線索幫助你實現個人目標的好方法。例如，知名的電視製作人和電影製片廠主管李・湯姆林森（Lee Tomlinson）會穿著醫院病服上台演講——即便是在TED演講也是如此。在湯姆林森戰勝鼻咽癌三期後，他將餘生用來激勵醫護人員。他發現，穿著病服（而不是西裝）上台，很快就能引起觀眾的同情心，讓他們處在一種溫暖的心態。觀眾不用想像他是個病人，而是直接看到他就是個病人。視覺線索會將想法帶入生活之中。

有趣的小技巧

眼鏡或隱形眼鏡？

眼鏡就是能力最直接的象徵。我們曾在一項內部研究中邀請人們對同一人在戴眼鏡和不戴眼鏡的情況下，對其進行熱情和能力的評估。同一個人如果戴眼鏡，熱情度一樣，但能力度高了百分之八。這差異雖小，但卻很重要。如果你想提升自己在他人眼中的能力感，考慮用眼鏡取代隱形眼鏡吧。

關於建立非語言品牌，我最喜歡的方法就是使用**教具**。在過去的十四年裡，我一直都在拍攝YouTube影片。由於我是使用YouTube教學，如果想要在一堆化妝和開箱影片中脫穎而出，我的內容就必須有創意。**關鍵就在於：你要在品牌資產中創造一致的線索語言**。

我會使用視覺線索幫助觀眾做決定。我發現只要使用某些道具，立刻就可以透過影片引導觀眾想法。在我分享一個非常棒的概念時，如果需要做展示或解釋某些複雜想法，我會拿出白板。

在關於演講技巧的影片中，我是站在講台後面拍攝的，這樣我的公共演講課程的學生就知道哪部影片適合他們。當我在網路上做分享時，我會把我最喜歡的化學物質圖片——催產素、血清素和多巴胺——掛在身後的牆上。從網路研討會開始的第一秒就暗示了我的能力，我在演講時也會用它們作為教學輔助。我也發現，如果我身後沒有這些東西時，觀眾很難理解這些化學物質的重要性。視覺線索有助於增進理解、強化訊息。

有趣的小技巧

便利貼的力量

我發現便利貼是用來鼓勵他人記住某件事情最簡單的視覺方法。在演講過程中，我會把想告訴大家的事情寫在便利貼上，然後拍照做成投影片放給大家看。這樣的視覺線索不僅有助於記憶，也能微妙地提醒大家寫下便利貼上的內容。

我們也可以用非語言品牌來**象徵改變**。在菲利希婭・戴（Felicia Day）的回憶錄《你在網路上（幾乎）從不古怪》（*You're Never Weird on the Internet*〔*Almost*〕）中，提到沒人來聽她的小提琴演奏會的故事。於是她決定用**非語言**的方式**重新包裝**、吸引人們。她沒有選擇用自己的名字和照片做海報（看起來很無聊），而是重新製作了一張新海報，上面是她穿著《西娜：戰士公主》（*Xena: Warrior Princess*）的服裝，並以「菲利希婭：戰士小提琴家」為廣告標題。可想而知，來聽她演奏小提琴的人越來越多了。

如果我要主持一整天的研討會，我發現有個非常棒的視覺線索可以幫助我改變節奏：包裝好的禮物。在漫長的一天結束前，我會把包裝好的禮物放在台上，讓大家因為進入尾聲而感到興奮。當大家看到包裝好的禮物時，視覺上就會觸發多巴胺分泌，讓人感到興奮，也克服了下午的萎靡狀態。最後，我會把禮物送給一位現場觀眾。

有趣的小技巧

別抱貓！

如果你是單身直男，在約會APP的照片上，千萬別抱貓！研究發現，女性認為抱貓的男性比較沒有男子氣概，不太適合約會。各位貓奴，抱歉了！

想想你辦公室裡的線索，視訊通話的背景，或是家中牆上的線索。畢業證書、獎狀、各類證書都是能力的象徵。家庭照片、有趣的名言和紀念品都是熱情的線索。我們那位以Northwell字型聞名的友人朱迪・霍勒，她的視訊背景裡可以看到有個皮納塔（piñata，裝滿玩具與糖果的紙糊容器）——這是她風趣的直接表現。

你要如何善用更多的視覺線索呢？你能在背包上別別針嗎？在筆記型電腦或保險桿上貼貼紙？能在演講或推銷中使用代表想法的道具嗎？每一個視覺線索都有助於塑造他人對

你的看法。

★視覺線索四：為自信上色

一九六七年，迪士尼樂園開設了一家祕密俱樂部，只有受邀者才能進入，那裡也是這座魔法王國裡唯一能買到酒的地方。天啊天啊，這是專屬的服務。想要進入那扇門，你得先加入等待名單，支付上千美元。而迪士尼幻想工程努力想要不讓太多人注意到這個地方。事實上，有許多遊客都會路過座落在新奧爾良廣場中心的三十三號俱樂部大門口。這扇門沒有任何刻意隱藏或阻擋，但相對來說還是沒有多少人注意到。為什麼？因為迪士尼用了兩種顏色來隱藏這扇門。

他們稱之為「走開綠色」和「看不見灰」。

行政大樓、員工入口和公用設施箱都漆成這兩種顏色。跟公園明亮豐富的色彩相比，迪士尼所選的顏色讓眼前事物融入背景之中。顏色是讓大家注意到某些重要事物的最佳工具，也是喚醒神經地圖最快的方法。

有項研究發現，人們在初次接觸到人或產品的九十秒內就能做出決定，而**百分之六十二到百分之九十的評估是根據顏色**。

色彩心理學基本上是偽科學，我們知道顏色很重要，但卻無法百分之百知道它是如何產生影響的。迄今為止還沒有人能說明顏色及其關聯性。不過，我們還是可以從色彩研究中得到一些有用的視覺線索。最重要的線索莫過於顏色會激發大腦的神經地圖。

舉例來說，在一項有趣的實驗中，研究人員給受試者提供了暖色（橙色、紅色、黃色）和冷色（藍色、綠色、紫色）的安慰劑。結果發現，暖色的安慰劑效果比冷色更好。哇，怎麼會這樣？

科學家認為，暖色有刺激作用，而綠色和藍色則有鎮靜作用。

使用顏色的最佳方式就是想想常見的神經地圖。顏色會讓你想起什麼？有什麼常見物品會使用這種顏色？哪些國際品牌使用了哪些特定的顏色組合？在你的文化中，特定顏色是否有特定含義？

例如在中國，黃色就是皇室的代表。中國的第一位皇帝就叫黃帝。

在美國，民主黨是藍色，共和黨是紅色。在二〇二〇年美國總統大選期間，保守派的媒體福克斯新聞就將「總統辯論」中的「總統」一詞用紅色字體呈現。

自由派的媒體MSNBC在大選期間，所有新聞標題的「總統」一詞都改成了藍色。

這些微妙的顏色變化說明了偏好——福克斯新聞想要紅色的總統，MSNBC想要藍色的總統。

雖然顏色本身並沒有普世通用的標準，但在某些情況下，顏色會提供線索。我們一起來看看吧。

紅色

我們在憤怒或高興時都會臉紅，這是一種跨越文化、性別和種族的共通現象。研究人員發現，紅色對情緒影響最大，會刺激支配感和興奮感。這是一種睪固酮的表現，意味著權力、力量、威脅和主導。

有一組研究人員發現，隨機分配到穿紅色衣服的參賽者，其獲勝的可能性比穿藍色衣服的還高。男性競爭者尤其如此。

顏色對我們有何幫助？紅色是行動導向的顏色，會引起他人注意。如果你穿紅色衣服，自然會引起關注。如果你在宣傳資料上、在辦公室或你的個人資料中使用紅色，這絕對會比使用其他柔和顏色更為突出。

這是有道理的——人類祖先早期以洞穴為居，他們在尋找漿果時，通常是尋找草莓或紅蘋果之類顏色鮮豔的熟果。紅色會讓人想要採取行動——採摘漿果或是讓生氣的朋友平靜下來。

以下是策略性使用紅色的幾點建議：

- 簡報中有重要文字或訊息嗎？考慮標紅吧。
- 投影片或圖片中不重要的訊息，避免使用紅色。
- 想讓某人放鬆或平靜下來嗎？別把他們放在紅色房間裡或坐在紅色椅子上。
- 想要融入群體？別穿紅衣服。想要脫穎而出？紅色可能適合你。

重點：紅色會引發行動，請聰明使用。

藍色

無論在世界的哪個角落，晴朗的天空都是藍色的。一般來說，深水也是藍色的。所以對大多數人而言，藍色會觸發與冷靜相關的神經地圖。還有種有趣的說法稱，藍色會讓身體感到放鬆——想像你看到湛藍天空或清澈碧水會產生什麼樣的神經地圖。甚至有人主張安裝藍色路燈有助於減少犯罪。在商業領域中，行銷研究發現，消費者對主打藍色的商店或商標，對其產品質量和信任度都會有一定的提升。

也有研究發現，在需要專注力的相關任務中，藍光有助於提高警覺性及表現。有許多研究皆已證實這項說法，有一項研究甚至發現，在藍色房間裡工作的效率更高！

那麼，你要如何好好利用藍色呢？

- 想讓自己看起來鎮定自若？考慮穿藍色衣服。我穿藍色衣服上台就是為了讓自己顯得冷靜！
- 想為辦公室或辦公桌增添顏色嗎？加些藍色元素進去吧。
- 想讓簡報看起來更有趣？你的講義、資料和投影片可以考慮使用藍色，而非黑與白。

重點：藍色是讓人冷靜、高效和信任的好顏色。

綠色

在過去的幾十年裡，綠色已經進化並發展出新的神經地圖。研究人員發現，使用綠色的品牌通常會與環保主義高度相關。

綠色經常被視為是生態友好、環境安全、不含化學物質、「清潔」，甚至是一種有社會責任的產品和公司。我們甚至會說「朝綠色發展」或問「這是綠色產品嗎」。

有研究人員發現，綠色是與幸福和快樂相關的顏色。我對此深有同感，這讓我想起小時候在玩「紅燈、綠燈」的遊戲時，只要有人喊「綠燈」，意思是你趕緊跑，卯起勁來快速衝刺，盡情奔跑。當你聽到「紅燈」，你就得原地定住不動。時至今日，做練習時我都還是會用綠色卡片代表開始，用紅色卡片代表結束。研究人員還發現，參加體能測試的運動員在綠色的環境中，會比在紅色環境中的愉悅度更高。

從人類本能的角度來看，這是有道理的——當我們環繞在綠色環境之中，會想起一種富饒肥沃的環境，有充足的水源和營養。

那要如何使用綠色呢？

- 讓他人根據顏色行事會比較容易遵守規則。在新冠疫情期間，有些公司會準備三種不同顏色的臂章發給上班的員工，分別為紅、黃、綠。綠色臂章為：「可以擁抱和擊掌。」黃色臂章為：「可以交談，但請勿碰觸。」紅色臂章為：「嗨！請保持距離。」人們可以根據顏色識別他人的社交需求。
- 如果你有對環境友好的想法、產品或創意，考慮使用綠色吧。如果你想讓自己看起來神清氣爽、精力充沛，綠色可能適合你。

● 盡量讓自己置身於綠色之中。你可以在桌旁放個多肉植物，也可以把電腦桌面改為綠樹圖片。綠色會激發與自然、放鬆相關的積極聯想。

重點：綠色意味著前進，也視情況與環保相關。

●黃色

有研究人員曾針對黃色進行全面研究，發現在五十多個國家中，黃色與喜悅密切相關。這是有道理的。想想看小時候在陽光下玩耍的快樂時光，太陽照在背上的溫暖感覺，萬里無雲的晴空下充滿無限可能——這就是為什麼大多數人會覺得黃色是幸福的象徵。

這也是為什麼我會選擇黃色作為「人際科學」（Science of People）網站的視覺跳色。我們在網站上使用了大量的黑白色，但也選擇用黃色來吸引目光。不過，我們也沒料到這會帶來另一個問題：黃色會因為反光而造成眼睛疲勞。黃色是最不適合用作閱讀的顏色之一。如果在投影片、講義或電腦上以黃色為背景色，很容易造成眼睛疲勞，那就糟糕了。

黃色是個好顏色，但別用過頭了。

要如何使用黃色呢？

- 黃色很適合作為視覺跳色，但盡量不要在簡報、文件或行銷材料上過度使用，因為會看得很辛苦。
- 想要看起來會有愉悅感或開心的東西嗎？選黃色就對了！

重點：黃色就像陽光，讓人感到溫暖和愉悅，但太多的話就會曬傷。

請將下列顏色研究與你的神經地圖相結合，為你的目標使用正確的顏色線索。以下是一些建議：

- **為資產上色。**在設計簡報或投影片時，請選擇與目的相符的顏色。在你選擇個人檔案照片時要有目的性。在辦公室或家中所選的顏色要讓身處其中的人感到受歡迎。你的名片是什麼顏色？能用比黑與白更讓人興奮的顏色嗎？
- **使用吸引團隊成員的顏色。**我的公司在二〇一六年時想要聘請行銷團隊，我們收到了不少提案，但只有一份脫穎而出。為什麼？他們在做簡報時使用了我們公司網站上的品牌顏色、字體和圖片。在整場簡報中，他們強調的不是自己，而是我們。使用跟我們公司品牌相同線索這一招，直接讓他們公司的想法看起來就像我們的想法。

● **你有個人的品牌顏色嗎？**我經常使用一種藍色，我在前一本書《和任何人都能愉快相處的科學》（*Captivate*）的美版封面也用了這種藍色。我團隊裡的人都說這叫「愉快藍」，辦公室裡的螢光筆、便利貼、筆記本，甚至蠟燭都是這種顏色。我們的感謝信或禮物包裝也都是用愉快藍。我在許多演講中穿的裙子和我的書籍封面、投影片都是相同的顏色：愉快藍。你能選一個屬於你個人的品牌顏色嗎？

★ 視覺線索五：偏見線索

本書到目前為止，我們討論了線索帶來的力量，也說過了利用線索與他人建立關係、分享想法。但有些線索確實有點難以掌握。有些線索是我們需要知道，但談論起來卻不太舒服。性別、階級、種族和吸引力都是我們無法控制的線索，但卻也是做決定的關鍵。許多線索的發生都是無意識的。

無意識偏見是我們對特定群體的社會刻板印象。光是單一線索就有可能激發我們沒有意識到的神經地圖。遺憾的是，研究人員發現如果求職者的「名字聽起來像白人」，他們得到面試機率比名字「聽起來像非裔美國人」多了百分之五十。

在另一項研究中，理工科教師認為，申請管理職位的男性求職者明顯比女性求職者更有能力、更值得聘用，甚至還為男性求職者提供更高的起薪。

有一項研究發現，無論性取向為何，聲音聽起來像同性戀的人都會面對更多的歧視和羞辱。

有魅力的人在他人眼中往往是更有能力，薪水也更高，這是一種美貌津貼，在男性和女性群體中都存在。

研究還發現，化妝的女性在他人眼中更值得信賴，在經濟遊戲中也能得到更多資金——來自男性或女性都有可能。有趣的是，如果一個女人越沒吸引力，她的妝容就越能增加她的可信度。

化妝並非唯一的視覺線索，你的髮型也是。跟直髮的黑人女性及捲髮／直髮的白人女性相比，自然髮型的黑人女性看起來較不專業，能力較弱，得到面試的機會也較低。

雖然有些線索可能很難處理或改變，那就從必須改變的先下手。好消息是，研究人員發現無意識的偏見是可以控制的。我們可以採取措施，將影響降至最低。可以從兩方面下手。

首先，察覺無意識偏見的存在是最重要的第一步。哈佛大學發起了一項「隱性計畫」。他們為社會大眾提供免費測試，讓你測出自己在殘疾、種族、年齡、性取向、性別、體重、宗教、膚色等方面的真實想法。如果你想知道自己內心的隱性偏見為何，我推薦你去做這個測試，如此一來你就可以正面解決一些自己都沒察覺的負面關聯想法。

第二，你要如何處理別人對你的無意識偏見？即便是極小的線索都有助益。有項研究測試了服裝是否能改變人們對男性黑人的無意識偏見。研究團隊拍攝了五名穿著三種不同服裝的男性黑人——分別穿著足球冠軍球衣、運動上衣加運動褲、鈕扣襯衫加西裝褲。然後，受試者隨機觀看照片，並根據某些特徵對這些男子進行評分。

首先，在象徵性種族主義量表（用於測試無意識的種族偏見）中得分較高的受試者，對每種服裝搭配的評價都更為嚴苛。

然而，襯衫加西裝褲（正式服裝）的男性黑人得到的評價最高，感覺比穿球衣的男人更值得信賴、更聰明、更熱情，也比穿運動服的男性更聰明、更勤奮。

我在上一章提過，人們通常會覺得女性較為熱情溫暖，男性較有能力。雖然這都是一些不公平的偏見，但還是有必要知道有這麼一回事。如果女性想要得到他人認真對待，工作方法就得帶有些目的性，藉此提升個人能力。如果男性想要得到更多信任，就必須有意識地釋放熱情。

關鍵是：**認識對你有利和不利的偏見，然後慢慢地、有意識地、有目的地消除偏見。**

身為一名年輕的女性演講者兼作家，我知道我必須努力提高自己的能力，尤其是在講台上。我使用了本書中分享的所有技巧，用幾種方式達成目標：

- 我會多加使用象徵能力的文字——尤其是在自我介紹時。我還在個人簡介、領英檔案和介紹頁中添加了能力線索。
- 我會拉長開嗓時間，這樣就可以用最低的自然音域長時間說話。對於會讓我緊張的問題，我也會多練習如何回答，這樣就不會不小心在回答的過程中使用問句語調或變成氣泡音。
- 我的著裝會比現場其他人更正式。
- 在留給他人的第一印象和最後印象中，我會放大與能力相關的非語言線索。
- 我會在投影片、品牌和教學中增加突顯能力的視覺線索。但無論是我的影片背景、「人際科學」網站、我的公司名稱，甚至是我們在實驗室中做的小型實驗，我們都會刻意避免突顯能力線索。

如果我們不用因為他人看法而改變自身的行為方式，這會是一個比較公平的世界。**而尤其不公平的，是你還得努力去抵消別人的偏見**。我希望有一天這些偏見會改變。但現在，讓我們先一起努力改變共同的偏見。你能消除哪些線索呢？

本章任務

讓我們一起把學到的視覺線索用起來吧。看看下方的非語言品牌資產，並且盤點一下你所使用的視覺線索，集思廣益一番，想想你要創造什麼樣的視覺線索和非語言品牌。

	目前的視覺線索	理想的非語言品牌
你的個人檔案照片說明了什麼？照片中的你傳達出什麼視覺線索？		
你的名片、網站、履歷或其他行銷資料傳達出什麼視覺線索？		
你的辦公室、家中或影片背景有什麼道具？		
你有專屬的簽名字體或顏色嗎？		

結論

練習使用線索

物理學家海因里希・赫茲（Heinrich Hertz）花了多年時間研究電磁波，終於在一八八九年得到驚人發現，首次證明了電磁波的真實存在，從此改變世界的通訊方式。然而，他並沒有意識到這想法的價值。有人問他這項發現的重要性，他說了一句：「這毫無用處。」當有人問他無線電波的用處時，他說：「我想這沒什麼用。」

這沒什麼用？他可能不知道，這項突破性發現將改變未來幾十年的通訊、娛樂，甚至是戰爭。一九三〇年，同事以他的名字作為頻率單位，以此紀念他的貢獻。

赫茲嚴重低估了自己和他的發現。他沒有看到想法背後的潛力，也對自己的研究輕描淡寫。

我經常遇到像赫茲這樣的人，明明是個聰明、有創造力、有創新精神的思考者，但卻低估了自己，懷疑自身才能，低估工作價值。

別再這樣了！

你的想法值得廣為分享。

你值得受到尊重、得到重視，你的努力付出也應受到認可。

哎呀，你都讀完這本書了，想必肯定很聰明（而且很了不起）。

本書中的每一條線索都在許多情況下幫助了我。每次我在開會、視訊或重要談話之前，也會使用我跟各位分享的線索。我希望這些魅力線索能幫助你和他人對你的想法更有信心。展現能力線索能讓他人認真看待你的存在，尊重你的想法，提高你的可信度。熱情線索能讓他人更加信任你，想和你一起工作，並對你的想法感到興奮。**但你必須使用線索，線索才能有力量**。

在你使用線索時，有些事情要記住。

★法則一：期待最好的結果

學習解讀線索並不是要你仔細觀察遇到的每一個人。不是要你創造「抓包時刻」，不是要你揭穿他人謊言，也不是要不斷尋找不誠實的人。事實上，這種做法反而會降低效率。

研究人員發現，你越信任別人，就能越準確地發現隱藏情緒。真正的線索大師是期待最好的結果，並且知道如何發現最糟的情況。

請記住：絕對不要在沒有上下文的前提下給線索下定論，消極負面的線索尤其如此。在對負面線索做出結論之前，先問問自己：還有可能發生什麼事？在遇到你之前，對方經歷了什麼？是不是跟另一半吵架了？剛下飛機嗎？工作太忙了嗎？如果你發現負面線索，先從上下文和背景開始找原因。

★法則二：不要假裝

學習線索不是要假裝成更聰明或更討人喜歡，也不是要用線索來當面具。即便是最強大的線索也無法假裝真正的專業……至少從長遠來看不會。

如果你真的覺得自己沒那麼有能力，千萬不要假裝。能力線索只能幫你到這裡，人家早晚都會知道你的能力到哪裡。如果你需要提升專業知識或技能，請將這件事放在首位。

你能假裝熱情嗎？可以，這是有可能的。但也會讓人很累。如果你對一個人沒有感覺，千萬不要假裝。請努力建立真正的融洽關係，找到你真正喜歡對方的事情。尋找共同興趣，突顯雙方可以達成共識的共同目標，哪怕只有一點點。掩蓋不喜歡和假裝都更費力氣。先找出喜歡某人的真正原因，這樣更容易釋放出正確的線索。

★法則三：使用「三次法則」

在本書中，我們從商業領袖、政治家和世界級的溝通大師身上學到了四十多種強大的線索。在今後的每一次互動中，你都能展現出同樣的魅力線索。

挑戰一下自己，把本書裡的每條線索至少嘗試三次。第一次你可能會覺得不自在，這樣很好，代表你正在學習。第二次希望你會覺得有多一點點力量。到第三次時，你就會有意識地判斷這是否是你要放入工具箱中的線索。

使用線索圖追蹤並記錄你如何使用每條線索是個好方法。我建議：

在不同場景下解碼每條線索至少三次。

在不同場景下編碼每條線索至少三次。

記下每一條線索是如何幫你達成魅力目標。

以下表為例。這是我們的學生的紀錄：

線索	解碼	編碼	內化
傾身：身體微往前傾，表示感興趣、好奇和參與。	1. 開會時，丹在表示同意時做了這個動作。 2. 播報新聞時，兩位主播在開玩笑時朝對方傾身靠近。 3. 小孩在等我們拿冰淇淋給他們時會傾身往前靠。	1. 丹傾身靠近我時，我也傾身靠近他！ 2. 在跟山姆談成績不好時，傾身向前，降低高度——很管用！ 3. 在視訊會議中傾身向前，表示感興趣。	*下次演講要用這招！

輪到你了。編碼和解碼你的動作，看看感覺如何。

★魅力線索

想要展現魅力時，隨時讓魅力線索派上用場。

線索	解碼	編碼	內化
傾身：身體微往前傾，表示感興趣、好奇和參與。			
反阻隔：敞開的身體語言代表開放的心態。保持不讓任何東西擋在身體前——避免雙臂交叉、抱電腦、筆記本、皮包或文件夾。			

正面面對：將腳趾、身軀和上身轉向說話對象，以非語言方式表示尊重。

空間：根據目的使用四種空間距離（親密、個人、社交、公共）。

自信語調：使用最低的自然音調來展現自信。

呼吸停頓：在話語間停頓、呼吸，放慢語速，引發興趣。

魅力語言：根據目的使用語言。

★熱情線索

使用下列線索提升熱情、討喜度和信任感。

線索	解碼	編碼	內化
點頭：點頭表示同意和參與。			
側頭：頭側一邊表示你感興趣、你有在聽。			
揚眉：揚起眉毛表示你感興趣且開心。			
微笑：真誠的微笑會增加並鼓勵快樂。			

碰觸：適當的碰觸會增加促進連結感的化學物質。			
鏡像模仿：巧妙模仿對方的非語言手勢或姿勢來表示尊重。			
允許熱情：用熱情線索開啟電話、對話和郵件內容。			
聲音變化：避免聲音聽起來過於低沉或刻意。在聲音中增加重音與個性。			

線索	解碼	編碼	內化
聲音邀請：發出傾聽的聲音，使用聲音來推動以及鏡像聲音來提高熱情。			
熱情語言：熱情的語言會激發信任、憐憫和同理心。			

★能力線索

使用下列線索提升能力、本領和效率。

線索	解碼	編碼	內化
有力的姿勢：利用空間展現自信。			
繃緊下眼瞼：繃緊下眼瞼表示你專心在聽，參與其中。			
尖塔型手勢：使用尖塔型手勢表示你很放鬆，一切準備就緒。			
解釋型手勢：使用明確清楚的手勢來解釋觀點。			

線索	解碼	編碼	內化
聲音動態：用音量來支持你的觀點——重要的事情提高音量，想要他人靠近，說話聲音就輕柔些。			
有力的停頓：在提出重點前先暫停片刻，引發他人興趣和好奇。			
能力語言：能力語言能激發智慧、力量、可信度。			

★危險區塊線索

除非你是故意表現消極，否則不要輕易嘗試這類線索。如果你解碼到這類線索，又或是無意間編碼相關線索，一定要記下來。

線索	解碼	編碼	內化
抿嘴：壓緊嘴唇表示保留態度或不再多說。			
距離：如果不喜歡某件事或想要某人離開，請往後退或是往後靠，拉開距離。			
通氣：人們緊張時會需要讓皮膚接觸空氣讓自己冷靜下來或是給自己一點空間。			

線索	解碼	編碼	內化
安撫手勢：藉由自我碰觸讓自己冷靜下來或安撫自己。			
整理：透過整理頭髮、衣服、裝飾品或補妝來提升外表。			
胸骨上切跡：緊張或想安撫自己時，我們會碰觸兩個鎖骨之間的胸骨上切跡（或是靠近該處的領帶、領口）。			
身體阻隔：想要保護或安撫自己時，我們會在身體、嘴巴或眼睛前形成阻隔。			

尷尬：感到羞愧時，我們會用指尖碰觸前額兩側。

生氣：生氣時，眉毛會下垂形成皺眉，繃緊下眼皮和嘴唇。

張大鼻孔：憤怒時鼻孔會張大。

悲傷：悲傷時，眉角和嘴角都會下垂，臉頰上形成兩道皺紋，眼角也會下垂。

撇嘴：嘴角下拉代表不相信或懷疑。

輕蔑：內心有輕蔑感時，我們會揚起一邊的嘴角露出假笑。

線索	解碼	編碼	內化
問句語調：提問時，結尾語調通常會上揚。避免在說陳述句時出現問句語調。			
氣泡音：在吸氣量不足或緊張時，聲帶無法有效摩擦，會形成氣泡音。			
填充詞：空洞的詞語和聲音，例如「呃」、「嗯」、「你知道」和「就像」都是缺乏自信或知識的訊號。			
聲音否定：不喜歡某件事時，我們就會發出「哎呀」、「討厭」或「呸」之類的消極聲音，意味著不同意。			

一定要在不同場景中與不同對象練習解碼和編碼線索——在工作上、在家裡、和朋友在一起時。展現出你的熱情和能力，讓自己處在魅力區塊的最佳位置。

讓每條線索為你所用。修改線索，調整線索，並且添加屬於你的詮釋和風格——但別是張大鼻孔，這看起來就有點咄咄逼人了。

我為你加油。線索改變了我，我也迫不及待想看到線索會如何改變你的溝通方式、人際互動和散發自信。即便只用一條線索也會大不相同。

祝你成功

凡妮莎・范・愛德華茲

P.S. 謝謝。感謝各位願意花時間讀完本書，和我一起學習。謝謝你們相信我。如果你喜歡本書內容，請與他人分享這些知識。可以把這本書送給朋友，借給同事，送給需要的人。謝謝你。

致謝

這本書的完成，我得感謝很多人。

首先，謝謝你閱讀本書。我打從心底感謝所有讀者、學生和觀看我Youtube影片的所有人。沒有你們就沒有這本書。是你們在近十年來的喜愛、支持、意見和分享才讓我有足夠的動力完成這本書。謝謝各位的支持。

感謝強大的「人際科學」團隊，特別是羅伯．黃、凡妮莎．梅．拉美、喬許．懷特、哈雷．范．佩頓和柯特尼．范．佩頓——感謝你們在我撰寫本書過程中給予的支持。感謝梅姬和露西．柯克蘭的精彩照片與愛的支持。

感謝傑出的出版團隊！大衛．福格特、尼基．帕怕多普洛斯、金伯利．美倫、里哈．特魯沃斯特，當然不會忘記還要感謝阿德里安．柴克海姆。謝謝你們讓我有機會跟全世界分享我的想法。

我也要大大感謝「影響理論」（Impact Theory）的全體成員，尤其是湯姆・比利尤、麗莎・比利尤和蔡司・卡普里奧。謝謝喬伊・蓋比亞。很幸運能認識你。還要感謝諾哈・湛丹和「量化溝通」（Quantified Communications）團隊。

感謝在這段奇妙旅程中幫助過我的所有人，特別是提供商業建議的你們：保羅・查克博士、克里斯・吉勒波、傑森・蓋格納德、劉易斯・豪斯、喬丹・哈賓格、查克・蘇琴、查利・吉爾基、尼爾・艾歐、沙恩・斯諾、諾亞・凱根、佩姬・亨德里克斯・巴克納、荷西・皮尼亞、蔡斯・賈維斯和「創意生活」團隊。

感謝提供引言、故事和靈感的你們，特別是大衛・尼希爾、布萊恩・迪恩、大衛・摩爾達沃、米歇爾・波勒、朱迪・霍勒、尼古拉斯・哈奇森和米歇爾・瓊斯。感謝戴克斯・薛普和艾倫・艾達，我的許多故事靈感都是來自你們精彩的播客。

感謝我的所有家人，尤其是我的父母、安妮塔・福斯特、萬斯・范・佩頓和史黛西・范・佩頓。感謝我的朋友們和所有支持我的人，謝謝你們的鼓勵與愛。

史考特・愛德華茲，你是最棒的事業及生活伴侶。

最後，我知道你現在還不識字，但總有一天你會看到的。謝謝你，西耶娜・愛德華茲，你讓我的生活充滿歡笑與靈感，你是我生命中的快樂之源。

ideaman 183

暗示的力量 讓人不自覺受你吸引的魅力溝通技巧，人際智商專家的全方位社交密技

原著書名——Cues: Master the Secret Language of Charismatic Communication
原出版社——Portfolio
作者——凡妮莎・范・愛德華茲 Vanessa Van Edwards
譯者——張瓅文
責任編輯——劉枚瑛

版權——吳亭儀、江欣瑜、游晨瑋
行銷業務——周佑潔、賴玉嵐、林詩富、吳藝佳、吳淑華
總編輯——何宜珍
總經理——彭之琬
事業群總經理——黃淑貞
發行人——何飛鵬
法律顧問——元禾法律事務所 王子文律師
出版——商周出版
115台北市南港區昆陽街16號4樓
電話：（02）2500-7008 傳真：（02）2500-7759
E-mail：bwp.service@cite.com.tw
Blog：http://bwp25007008.pixnet.net./blog
發行——英屬蓋曼群島商家庭傳媒股份有限公司城邦分公司
115台北市南港區昆陽街16號8樓
書虫客服專線：（02）2500-7718、（02）2500-7719
服務時間：週一至週五上午09:30-12:00；下午13:30-17:00
24小時傳真專線：（02）2500-1990；（02）2500-1991
劃撥帳號：19863813 戶名：書虫股份有限公司
讀者服務信箱：service@readingclub.com.tw
城邦讀書花園：www.cite.com.tw
香港發行所——城邦（香港）出版集團有限公司
香港九龍土瓜灣土瓜灣道86號順聯工業大廈6樓A室
電話：（852）25086231 傳真：（852）25789337
E-maiIL：hkcite@biznetvigator.com
馬新發行所——城邦（馬新）出版集團 Cité（M）Sdn Bhd
41, Jalan Radin Anum, Bandar Baru Sri Petaling,
57000 Kuala Lumpur, Malaysia.
電話：（603）90563833 傳真：（603）90576622
E-mail：services@cite.my

美術設計——copy
印刷——卡樂彩色製版有限公司
經銷商——聯合發行股份有限公司 電話：（02）2917-8022 傳真：（02）2911-0053

2025年5月20日初版
定價480元 Printed in Taiwan 著作權所有，翻印必究 城邦讀書花園 www.cite.com.tw
ISBN 978-626-390-448-4
ISBN 978-626-390-463-7（EPUB）

線上版讀者回函卡

國家圖書館出版品預行編目（CIP）資料

暗示的力量：讓人不自覺受你吸引的魅力溝通技巧，人際智商專家的全方位社交密技/
凡妮莎.范.愛德華茲（Vanessa Van Edwards）著；張瓅文譯. -- 初版. -- 臺北市：商周出版：
英屬蓋曼群島商家庭傳媒股份有限公司城邦分公司發行, 2025.05 400面；14.8×21公分. --（ideaman；183）
譯自：Cues : master the secret language of charismatic communication. ISBN 978-626-390-448-4（平裝）
1. CST：溝通 2. CST：社交技巧 3. CST：肢體語言 177.1 114001372

Idea man

Idea
man